Silke Ralf

Konnichi wa! Das Kanji-Buch

Die japanischen Schriftzeichen

Dr. Ludwig Reichert Verlag · Wiesbaden 2004

Bibliographische Information Der Deutschen Bibliothek
Die Deutsche Bibliothek verzeichnet diese Publikation in der Deutschen Nationalbiografie; detaillierte
bibliographische Daten sind im Internet über http://dnb.ddb.de abrufbar.

© 2004 Dr. Ludwig Reichert Verlag Wiesbaden
ISBN: 3-89500-284-4
Das Werk einschließlich aller seiner Teile ist urheberrechtlich geschützt.
Jede Verwertung außerhalb der engen Grenzen des Urheberrechtsgesetzes
ist ohne Zustimmung des Verlages unzulässig und strafbar.
Das gilt insbesondere für Vervielfältigungen, Übersetzungen, Mikroverfilmungen
und die Einspeicherung und Verarbeitung in elektronischen Systemen.
Printed in Germany
www.reichert-verlag.de

An dieser Stelle möchte ich ganz herzlich Frau Mizuho Otsuki-Franzmathes (vom IWS - Institut für Wirtschaft und Sprachen, Hamburg) für ihr Korrekturlesen danken sowie Herrn Takeshi Yamamori (vom Fachbereich Japanologie der Universität Hamburg) für die anregenden Diskussionen.

Vorwort

Kanji sind japanische Schriftzeichen. Die Japaner haben sie ursprünglich von den Chinesen übernommen. Zusammen mit den beiden Silbenschriften Hiragana und Katakana bilden sie das japanische Schriftsystem.

Dieses Kanji-Buch ist zum einen als Begleitbuch zum Japanisch Lehrbuch „Konnichi wa!" gedacht, aber es richtet sich auch an alle diejenigen, die einfach nur ihren Kanji-Wortschatz verbessern wollen. Um nicht nur anhand von abstrakten Vokabel-Listen lernen zu müssen, finden sich Lese-Texte und Übungssätze am Ende jeder Lektion.

In der ersten Lektion werden zunächst einige Besonderheiten der Kanji (Aufbau, Radikale mit Namen und Bedeutungen, die verschiedenen Lesungen usw.) vorgestellt sowie Hinweise zur Benutzung des Buches gegeben.

Die folgenden Lektionen sind dann alle identisch aufgebaut und enthalten:
- Liste aller Kanji, die in dieser Lektion neu vorkommen
- Vorstellung der einzelnen Kanji
- Text als Leseübung (aus dem Lehrbuch, diesmal aber ohne Furigana als Lesehilfen)
- Beispielsätze zum Üben
- Schreibübungen

Die in jeder Lektion neu vorgestellten Kanji richten sich nach den neuen Vokabeln im Lehrbuch, und auch der Schwierigkeitsgrad der Grammatik baut analog dazu auf.
In Lektion 25 werden dann unabhängig vom Lehrbuch noch einige weitere häufige Kanji vorgestellt. Die Lektionen sind unterschiedlich lang, da sie sich nach den Lektionen des Lehrbuchs richten.

Am Ende des Buches gibt es eine Liste der Radikale, eine Kanji-Liste, die nach den Radikalen sortiert ist, sowie eine Liste, bei der die Kanji nach ihren Lesungen aufgeführt sind. Diese Listen sollen einerseits das Nachschlagen erleichtern, andererseits aber auch noch einmal den Bezug der Kanji zu den Radikalen bzw. den Lesungen verdeutlichen.

Viel Spaß beim Lernen!

Inhalt

Lektion 1

漢字 Kanji – Schriftzeichen aus China; Lesungen: *onyomi* und *kunyomi*; Kombinationen; die Radikale: Name, Bedeutung, Position; Schreibrichtung und Strichfolge; das Nachschlagen von Kanji in Wörterbüchern 1

Lektion 2

中、失、来、願、元、今、休、刺、口、名、山、日、晩、木、村、様、気、田、礼、私、言、陰 17

Lektion 3

本、出、人、会、何、便、入、動、員、図、大、子、学、局、新、時、机、椅、洗、濯、父、物、生、病、社、窓、書、自、行、計、話、誌、語、車、郵、銀、聞、院、雑、電、館、駅 24

Lektion 4

天、寿、東、乗、主、京、佐、住、働、切、助、司、吸、呼、始、寝、屋、川、帰、彼、待、手、持、昨、歩、死、思、知、笑、答、紙、終、買、考、花、藤、要、見、覚、読、走、起、身、閉、開、降、食、飲
.... 37

Lektion 5

下、奥、事、交、側、公、弟、前、区、真、上、兄、右、地、外、好、妹、姉、左、庭、役、後、所、横、犬、猫、務、辞、衆、辺、部、番、間、隅、隣 51

Lektion 6

一、夫、使、召、医、号、味、噌、妻、宅、察、度、座、汁、火、玄、酒、繰、者、茶、菓、警、貸、質、返、問、関、飯 61

Lektion 7

万、三、五、百、果、九、千、承、勉、七、二、六、例、供、億、八、普、円、兆、十、四、帳、強、急、払、救、文、注、洋、消、利、署、服、菜、通、野、防 69

Lektion 8
平、昼、央、印、表、半、業、久、午、仕、倉、分、刻、呂、団、国、
夕、家、布、須、成、授、方、橋、列、残、池、沼、津、海、浜、浴、
渋、港、無、熱、理、発、秒、空、立、料、線、朝、葉、袋、議、谷、
賀、道、里、鎌、面、風 _____ 80

Lektion 9
正、夏、丈、年、束、劇、育、化、伎、体、先、盆、土、去、場、冬、
実、明、昭、春、曜、月、歌、水、治、皇、季、和、秋、約、緒、息、
舞、角、誕、週、金、阪、雪 _____ 95

Lektion 10
画、悪、危、合、全、低、念、冷、弱、古、圧、回、嫌、安、寒、小、
広、引、心、患、指、旅、早、映、晴、暇、楽、毛、派、邪、狭、甘、
町、痛、白、目、具、眠、移、符、素、耳、有、脈、腹、色、若、苦、
薬、血、診、頭、赤、足、射、辛、速、遠、都、配、酸、錠、長、難、
青、静、顔、首、高、髪、黒、鼻、剤 _____ 108

Lektion 11
再、予、作、興、北、幹、友、寺、士、富、忙、恐、暑、梅、機、母、
毎、清、神、箸、蒸、達、閣、雨、飛、魚、竜 _____ 128

Lektion 12
州、島、才、亡、市、代、伊、賞、森、殺、受、留、的、籍、置、美、
翻、訳、説、豆、踊、逗、悲、 _____ 136

Lektion 13
曲、単、重、忘、夜、優、写、次、直、原、女、字、当、捻、捨、撮、
教、散、最、暗、校、法、源、漢、濡、用、簡、練、緩、習、慮、親、
触、調、近、違、遅、意、駐 _____ 143

Lektion 14
刷、了、変、伝、保、借、力、喫、吉、存、客、店、弾、押、換、止、
沖、登、縄、裕、遊、選、門 _____ 154

Lektion 15
彫、仏、停、券、歴、宮、履、改、幡、張、数、札、整、皆、箱、繋、取、賃、路、運

Lektion 16
両、内、求、少、傘、備、並、準、定、光、御、根、期、請、転、険

Lektion 17
不、介、価、俳、個、凍、勢、句、報、災、建、情、態、戻、招、景、然、状、盗、紹、結、続、航、誉、進、験

Lektion 18
冊、充、命、倍、免、匹、台、多、太、姪、恵、掃、題、枚、杯、泊、炊、畳、皿、祖、童、着、羽、荷、許、証、課、軒、迎、郎、除、階、頁、飼

Lektion 19
壁、掛、筆、敗、迷、送、音

Lektion 20
仮、信、売、宛、幣、投、替、硬、納、試、販、貨、購、領、額

Lektion 21
由、伯、創、労、叔、啓、娘、嬢、宜、慣、拝、敬、族、旦、是、甥、略、疲、祈、程、組、虫、解、設、誤、那、非

Lektion 22
値、僕、割、加、参、宿、暖、棒、段、泥、愛、絡、訪、財、連、鉄、鍵

Lektion 23
困、孫、怒、河、泣、深

Lektion 24
申、伺、係、席、敵、松、締、差、般、記、鞄

Lektion 25

丸、同、南、点、鳴、園、声、室、岩、工、弓、形、戸、星、林、汽、
活、牛、王、玉、男、矢、石、竹、算、米、糸、細、肉、船、英、草、
西、貝、雲、馬、鳥、麦、黄 _____ 218

Liste der Radikale _____ 226

Kanji-Liste – nach Radikalen sortiert _____ 228

Kanji-Liste – nach Lesungen sortiert _____ 262

第一課　Lektion 1

漢字 Kanji － Schriftzeichen aus China:

Ursprünglich hatten die Japaner keine eigene Schrift. Etwa im 5. Jahrhundert übernahmen sie die Schriftzeichen aus China. Sie nannten sie Kanji. *Kan* bedeutet *China* zur Han-Zeit, *Ji* bedeutet *Zeichen*, also: *die Zeichen aus China.*

Forscher gehen davon aus, dass die chinesische Schrift bereits vor 5000 Jahren entstand. Im Laufe der Zeit gab es verschiedene Veränderungen, und auch das heutige Chinesische und die in Japan verwendeten Kanji stimmen nicht mehr vollständig miteinander überein.

In den großen Wörterbüchern sind ca. 50.000 Kanji zu finden. Davon wird aber nur ein kleiner Teil von den Japanern im alltäglichen Leben verwendet; dies sind die 1945 sogenannten Jouyoukanji, welche auch die Schüler in der Schule lernen müssen.

Kanji werden in 7 Gruppen eingeteilt:

象形文字　　**(Shoukei-moji)　Piktographische Zeichen**
(しょうけいもじ)

Diese Zeichen waren ursprünglich bildliche Darstellungen konkreter Gegenstände.

Bsp.: 山 = Berg

Dieses Zeichen hat sich aus dem Bild von drei Berggipfeln entwickelt.

指示文字　　**(Shiji-moji)　Sinnbildliche Zeichen**
(しじもじ)

Diese Zeichen sind symbolische Darstellungen von abstrakten Begriffen oder Ideen.

Bsp.: 一 = eins

Ein Strich bedeutet die Zahl „eins". Die Zahlen „zwei" und „drei" werden entsprechend mit zwei (二) bzw. drei (三) Strichen geschrieben.

会意文字　　**(Kaii-moji) Ideographische Zeichen**
(かいいもじ)

Diese Zeichen entstehen durch die Kombination von Zeichen der beiden oben genannten Gruppen.

Bsp.: 森 = „Wald"

木 = „Baum"; drei Bäume zusammen bedeuten „Wald".

形声文字 (Keisei-moji)　Phonologographische Zeichen

Ein Element steht für das Bedeutungsfeld, das andere für die Aussprache. Diese Zeichen sind die häufigsten unter den Kanji.

Bsp.: 悶 = *mon, modaeru*: sich Sorgen machen, sich Gedanken machen

門 steht für die Lesung: mon; 心 steht für die Bedeutung „Herz".

仮借文字 (Kasha-moji)　Entlehnte Zeichen

Kasha bedeutet „ausleihen". Ausgeliehen wird in diesem Fall die Aussprache, d.h. die Zeichen sind in ihrer Bedeutung nicht miteinander verwandt.

Bsp.: 亜米理加 = Amerika

Die Bedeutung der Zeichen rückt hierbei in den Hintergrund; wichtig ist die „ausgeliehene" Aussprache der vier Zeichen a-me-ri-ka.

Ausländische Namen werden im heutigen Japanisch so gut wie nur noch mit Katakana geschrieben.

転注文字 (Tenchuu-moji)　Abgeleitete Zeichen

Diese Kanji werden in einer von ihrer ursprünglichen Bedeutung abweichenden Weise verwendet.

Bsp.: 楽

Die ursprüngliche Bedeutung ist „Musik", wie auch in *ongaku* (音楽); die abgeleitete Verwendungsweise mit der Lesung *raku* ist „Spaß" oder „Freude".

国字 (Kokuji)　Landeszeichen

Diese Zeichen gibt es nur im Japanischen (*koku* = Land, Japan, *ji* = Zeichen). Sie werden durch die Kombination von Elementen bereits bestehender Kanji gebildet.

Bsp.: 働 = arbeiten

Dieses Zeichen setzt sich aus 人 = „Mensch" und 動 = „bewegen" zusammen.

Lesungen: *onyomi* und *kunyomi*

Bei der Übernahme der Schriftzeichen aus China suchte man nach der sinnvollsten Methode, diese zu lesen, da ja das Chinesische einer ganz anderen Sprachfamilie angehört.

Es ergab sich schließlich die Unterteilung in On-Lesung (音読み = onyomi) und Kun-Lesung (訓読み = kunyomi).

Die On-Lesung ist die sogenannte sino-japanische Lesung. Sie lehnt sich an die original chinesische Aussprache an, soweit dies in Anbetracht der Unterschiede möglich war. Die Kun-Lesung ist die rein japanische Lesung. Sie hatte ursprünglich erklärenden Charakter, d.h. den chinesischen Zeichen wurden die entsprechenden japanischen Wörter zugeordnet. Die meisten Kanji haben daher nicht nur eine Lesung. Viele Kanji haben sogar mehrere On- und Kun-Lesungen.

Bsp.: 道 = der Weg

    Kun-Lesung: michi

    On-Lesungen: DOU, TOU

    Chinesisch: dáo

Kombinationen

Jedes einzelne Kanji hat eine bzw. mehrere Bedeutungen. Um das Bedeutungsspektrum zu erweitern, werden Kanji kombiniert.

Bsp.: 電話 = Telefon

電 *den* bedeutet „Elektrizität" und 話 *wa* „sprechen" bzw. „Gespräch"; die Kombination aus beiden 電話 *denwa* ergibt dann „Telefon".

Einige Kanji-Kombinationen haben Sonderlesungen, d.h. die Lesung ergibt sich in diesen Fällen nicht aus der Kombination der einzelnen Lesungen.

Bsp.: 今日

Kyou (= heute) ist eine Sonderlesung dieser Kombination (siehe Lektion 2).

Außerdem sollte beim Lernen beachtet werden, dass stimmlose Konsonanten häufig stimmhaft werden, wenn sie in einer Kombination am Anfang des zweiten Teils stehen.

Bsp.: *yamaguchi* 山口. Aus *kuchi* 口 wird in dieser Kombination *guchi* (siehe Lektion 2).

Die Radikale (部首 bushu)

Zur Systematisierung bzw. lexikalischen Erfassung wurde eine Liste von 214 Grundelementen, den sogenannten Radikalen (im Japanischen 部首 *bushu*) eingeführt.

Es gibt Radikale, die sowohl Radikal als auch Kanji sind, sowie welche, die nur die reine Funktion eines Grundelements erfüllen und somit nicht für sich allein stehen können.

Bsp.: 大

Dieses Zeichen (siehe in der Radikal-Liste Nr. 37) bedeutet „groß". Es ist ein Radikal, gleichzeitig aber auch ein eigenständiges Kanji. Dagegen ist z.B. 亠 (siehe in der Radikal-Liste Nr. 8) nur ein Radikal, d.h. nur zusammen mit weiteren Strichen wird daraus ein Kanji. Die Zuordnung der Kanji zu den Radikalen ist in den verschiedenen Kanji-Nachschlagewerken nicht immer einheitlich. Daher gibt es in diesem Buch auch bei einigen Kanji manchmal zwei Angaben zum Radikal.

Bsp.: 失 (siehe Lektion 2). Dieses Kanji wird mal unter Radikal ノ (Nr. 4) und mal unter Radikal 大 (Nr. 37) aufgelistet.

Namen und Bedeutungen der Radikale

Die Radikale haben Namen und Bedeutungen. Diese helfen, die Bedeutungsfelder bzw. den Aufbau der Kanji zu verstehen.

Bsp.: 女 (*onna*) bedeutet „Frau". Das Zeichen ist sowohl Kanji als auch Radikal. Andere Kanji mit diesem Radikal haben direkt oder indirekt in ihrer Bedeutung mit „Frau" bzw. „weiblich" zu tun.

Bsp.: 姉 (*ane*) = ältere Schwester, 姪 (*mei*) = Nichte

Allerdings muss hier einschränkend erwähnt werden, dass es viele Radikale gibt, deren Namen nicht festgelegt sind, und somit einige in verschiedenen Referenzwerken unterschiedlich bezeichnet werden. Auch im deutschen und englischen Sprachraum haben sich einige Bezeichnungen eingebürgert, die wiederum nicht mit den Übersetzungen der gängigen japanischen Namen übereinstimmen.

Bsp.: 宀 (Radikal 40)

Die gängige japanische Bezeichnung ist *u-kanmuri*. Mit *u* ist in diesem Fall das Katakana *u* gemeint, und mit *kanmuri* wird gekennzeichnet, dass die Position des Radikals im Kanji oben ist. Der im englischen bzw. deutschen Sprachraum übliche Name dagegen ist „Dach".

Aus diesen Gründen sind in der unten folgenden Liste der Radikale z.T. mehrere Namen aufgeführt.

Einige Radikale haben **Varianten**. Hierbei ist zu beachten, dass diese manchmal eine abweichende Strichzahl haben.

Bsp.: Radikal 61 心 hat vier Striche, die Variante dagegen besteht nur aus drei Strichen: 忄
In der unten folgenden Liste werden auch die Varianten vorgestellt[*].

---

[*]Um die Varianten der Radikale unter ihrer Strichzahl zu finden, siehe die Liste der Radikale im Anhang.

Lektion 1　第一課

Position der Radikale

Zur Bezeichnung der Position der Elemente innerhalb eines Kanji gibt es die folgenden Begriffe:

Seitliche Positionen:
- **hen** 偏 = linksseitiger Teil eines Kanji; Bsp.: nin-ben (Radikal 9)

亻 wie in hataraku 働く arbeiten

- **tsukuri** 旁 = rechtsseitiger Teil eines Kanji; Bsp.: oozato-zukuri (Radikal 163)

阝 wie in bu 部 Teil, Sektion (L 5)

Position oben:
- **kanmuri** 冠 = „Krone" eines Kanji; Bsp.: ame-kanmuri (Radikal 173)

雨 wie in yuki 雪 Schnee (L 9)

- **yane** 屋根 = „Dach" eines Kanji; Bsp.: hito-yane (Radikal 9)

人 wie in ima 今 jetzt (L 2)

- **kashira** 頭 = „Kopf" eines Kanji; Bsp.: hatsu-gashira (Radikal 105)

癶 wie in hatsu 発 Beginn (L 8)

Position unten:
- **ashi** 脚 = „Fuß" bzw. „Füße" eines Kanji; Bsp.: hito-ashi (Radikal 10)

儿 wie in saki 先 vorher, voraus (L 9)

Position umschließend:
- **kamae** 構 = umschließend; Bsp.: hako-gamae (Radikal 22)

匚 wie in hiki 匹 Zähleinheitswort für kleine Tiere (L 18)

　　Bsp.: kuni-gamae (Radikal 31)

口 wie in kuni 国 Land (L 8)

- **tare** 垂 = oben und links umschließend; Bsp.: gan-dare (Radikal 27)

厂 wie in atsu 圧 Druck (L 10)

- **nyou** 繞 = links und unten umschließend; Bsp.: en-nyou (Radikal 54)

廴 wie in tateru 建てる bauen (L 17)

Diese Positionsbezeichnungen der Radikale sind z.T. in den Namen bereits enthalten. So wird z.B. Radikal 149 言 als gon-ben (wie in *hanasu* 話す „sprechen") bezeichnet.

Die Radikale: Namen und Bedeutungen

1 Strich

一 1 ichi = eins, horizontaler Strich

丨 2 tatebou, bou = vertikaler Strich, Stock

丶 3 ten = Komma, Punkt

丿 4 no = Katakana *no*, Schrägstrich
   oben: no-kanmuri

乙 5 otsu = der Zweite
   tsuribari = Angelhaken

亅 6 hanebou = Stock mit Feder
   kagi = Haken

2 Striche

二 7 ni = zwei

亠 8 nabebuta = Deckel, Topfdeckel
   oben: keisan-kanmuri =
   jap. Briefbeschwerer

人 9 hito = Mensch

亻 9 links: nimben

人 9 oben: hito-gashira, hito-yane

儿 10 unten: hito-ashi = Mensch
   unten: nin-nyou

入 11 iru, nyuu = eintreten
   oben: iri-yane, iri-gashira

八 12 hachi = acht

ツ 12 oben: hachi-gashira

冂 13 kei-gamae = Grenze
   dou-gamae = Umschließung wie bei
   dou 同 gleich

冖 14 oben: wa-kanmuri = Katakana
   wa

冫 15 ni-sui = Wasser mit zwei Strichen,
   auch als "Eis-Radikal" bezeichnet

几 16 tsukue = Tisch

凵 17 ukebako = offene Kiste
   umschließend: kan-gamae

刀 18 katana = Messer, Schwert

刂 18 rittou = aufrechtes Schwert

力 19 chikara = Kraft

勹 20 umschließend:
   tsutsumi-gamae = einwickeln

匕 21 saji = Löffel
   hi = Katakana *hi*

匚 22 umschließend: hako-gamae =
   (liegender) Kasten

匸 23 umschließend:
   kakushi-gamae = verstecken
   Dieses Radikal wird häufig als
   Variante von Rad. 22 verwendet.

十 24 juu = zehn, Kreuz

卜 25 boku, boku no to, uranai = Orakel
   to = Katakana *to*

卩 26 warifu = Stempel, Siegel
   rechts: fushi-zukuri

厂 27 oben und links: gan-dare =
   gan-Umschließung (wie bei *gan* 雁
   „Wildgans"), Kliff

厶 28 mu = Katakana *mu,* privat

又 29 mata = wieder, Hand

3 Striche

口 30 kuchi = Mund
   links: kuchi-hen

囗 31 kuni-gamae = kuni-Umschließung
   (wie bei *kuni* 国 „Land")

土 32 tsuchi = Erde
   links: tsuchi-hen

士 33 samurai = Mann, Gelehrter, Krieger
   Dieses Radikal wird häufig als
   Variante von Rad. 32 verwendet.

夂 34 oben: fuyu-gashira = Winter

Lektion 1   第一課

夂 35 umschließend: sui-nyou = gehen, langsam gehen
夂 35 unten: natsu-ashi = Sommer
Die Radikale 34 und 35 werden häufig wie ein Radikal betrachtet.
夕 36 yuube = Abend
   ta = Katakana *ta*
大 37 dai, ookii = groß
   oben: dai-kashira
女 38 onna = Frau
   links: onna-hen
子 39 ko, kodomo = Kind
   links: ko-hen, kodomo-hen
宀 40 oben: u-kanmuri = Katakana *u*
寸 41 sun = jap. Längenmaß
   rechts: sun-zukuri
小 42 shou = klein
⺌ 42 nao-gashira
尢 43 dai no mage-ashi = lahm, „*dai* mit krummen Beinen"
尸 44 shikabane, kabane = Leichnam, Fahne
屮 45 furukusa = altes Gras
   tetsu = Spross
山 46 yama = Berg
   links: yama-hen
   oben: yama-kanmuri
川 47 kawa = Fluss
   sambon kawa = Fluss mit drei Strichen
巛 47 magari kawa = Fluss mit geknickten Strichen
工 48 takumi = Zimmermann, Arbeit
   e = Katakana *e*
   links: takumi-hen
己 49 onore = selbst

巳 49 mi = Schlange
巾 50 kin, haba = Stoff, Stoffbreite
   links: haba-hen, kim-ben
干 51 kan = trocknen, Schild
   ichi-juu = eins und zehn
幺 52 oben: ito-gashira = Faden, jung, gering
   links: you-hen
广 53 ma-dare = hängendes *ma* (oben-links-Umschließung wie bei *ma* Rad. 200 = Hanf), Dach
   oben-links umschließend: ten-ichi-dare = Komma + eins Umschließung
廴 54 en-nyou = unten-links-Umschließung wie bei *en*, *nobiru* 延 = sich ausstrecken
   auch: innyou, innyuu
廾 55 unten: nijuu-ashi = zwanzig, gefaltete Hände
弋 56 shiki-gamae = Umschließung wie in *shiki* 式 Zeremonie, Wurfspieß
弓 57 yumi = (Schieß-) Bogen
   rechts: yumi-hen
彐 58 oben: kei-gashira, inoko-gashira = Schwein
   yo = Katakana *yo*
彑 58 (Variante)
彡 59 kamikazari = Haartracht
   rechts: san-zukuri = drei
彳 60 rechts: gyounin-ben = Schritt, Fortbewegung

4 Striche
心 61 kokoro = Herz
   unten: shita-gokoro
忄 61 links: risshin-ben (3 Striche)
戈 62 hoko = Speer

Lektion 1 第一課

rechts: hoko-zukuri,
umschließend: hoko-gamae
戸 63 to = Tür, Waffe
oben: to-gashira, to-kanmuri
umschließend: to-dare
手 64 te = Hand
扌 64 links: te-hen (3 Striche)
支 65 shi, eda = Zweig
juu-mata = zehn + wieder
umschließend: shin-you, eda-nyou
支 66 boku = schlagen
攵 66 rechts: boku-zukuri
to-mata = Katakana *to* + *mata*
no-bun = wie *bun* (Rad. 76), wobei
der erste Strich wie ein Katakana *no* ist
文 67 bun = Literatur
斗 68 to, to masu = jap. Hohlmaß
rechts: to-zukuri
斤 69 kin = jap. Gewichtseinheit, ca. 600 g
ono = Axt
rechts: ono-zukuri
方 70 hou = Richtung
kata = Richtung, Person
links: hou-hen, kata-hen
无 71 mu, nashi = nichts
umschließend: mu-nyou
旡 71 (5 Striche)
日 72 hi, nichi = Sonne, Tag
links: hi-hen, nichi-hen
曰 73 iwaku = sagen
hira bi = ein flach gedrücktes Rad. 72
月 74 tsuki = Mond, Monat
links: tsuki-hen
Manchmal Variante von 肉 (Rad. 130)
木 75 ki = Baum, Holz

欠 76 akubi = gähnen
kakeru = fehlen, mangeln
止 77 tomeru = anhalten
links: tome-hen
歹 78 gatsu = zerfallene Knochen
ichi-ta = *ichi* „eins" + Katakana *ta*
links: ichi-ta-hen, gatsu-hen
umschließend: shini-gamae =
Umschließung wie bei *shinu* „sterben"
殳 79 ru-mata = Katakana *ru* + *mata*
rechts: hoko-zukuri = Lanzenschaft
毋 80 haha = Mutter
nakare = nicht
母 80 (5 Striche)
比 81 kuraberu = vergleichen
毛 82 ke = (Körper-)Haar, Fell
氏 83 uji = Familie, Nachname, Clan
气 84 umschließend: ki-gamae = Dunst, Luft,
Atem
水 85 sui, mizu = Wasser
氺 85 unten: shitamizu (5 Striche) =
„unten" Wasser
氵 85 links: sanzui = 3-(Striche-)Wasser
火 86 hi, ka = Feuer
links: hi-hen
灬 86 yottsu ten = vier Punkte
renga, rekka = „Feuer" *ka* „in einer
Reihe" *retsu*
爪 87 tsume = Klaue, Kralle, Nagel
oben: tsume-kanmuri
no-tsu = Katakana *no* + Katakana *tsu*
父 88 chichi = Vater
爻 89 majiwaru = mischen
爿 90 hidari kata = linke Seite, gespaltenes
Holz

Lektion 1　第一課

丬 90 shou-hen (3 Striche)

片 91 migi kata = rechte Seite, gespaltenes Holz

　　rechts: kata-hen

牙 92 kiba = Eckzahn, Stoßzahn

　　links: kiba-hen

牙 92 (5 Striche)

牛 93 ushi = Kuh, Rind

牜 93 links: ushi-hen

犬 94 inu = Hund

犭 94 links: kemono-hen (3 Striche)

5 Striche

玄 95 gen = dunkel

玉 96 tama = Edelstein

王 96 ou = König (4 Striche)

　　links: tama-hen, ou-hen

瓜 97 uri = Melone

瓦 98 kawara = Ziegel

甘 99 amai = süß

生 100 ikiru = leben

　　umareru = geboren werden

用 101 mochi-iru = brauchen

田 102 ta = Reisfeld

　　links: ta-hen

疋 103 hiki = Rolle Kleiderstoff, Zähleinheitswort für Tiere

　　links: hiki-hen

疒 104 oben und links: yamai-dare = Krankheit

癶 105 oben: hatsu-gashira = oberer Teil wie bei 発 *hatsu* „Beginn", gespreizte Beine

白 106 shiroi = weiß

皮 107 kegawa = Fell, Haut

　　hi no kawa = *kawa* „Leder" oder „Haut" (geschrieben mit dem Zeichen, das die Lesung *hi* hat, zur Unterscheidung von Rad. 177)

皿 108 sara = Schüssel, Teller

目 109 me = Auge

　　links: me-hen

矛 110 hoko = Hellebarde, Speer

　　links: hoko-hen

矢 111 ya = Pfeil

　　links: ya-hen

石 112 ishi = Stein

　　links: ishi-hen

示 113 shimesu = zeigen, verkünden

礻 113 links: shimesu-hen (4 Striche)

禸 114 guu no ashi, juu, ashiato = Fußspur Dieses Radikal wird den Radikalen mit 5 Strichen zugeordnet.

禾 115 nogi = Katakana *no* + *ki* "Baum", Getreide

　　links: nogi-hen

穴 116 oben: ana-kanmuri = Loch

立 117 tatsu = stehen

　　links: tatsu-hen

6 Striche

竹 118 take = Bambus

　　oben: take-kanmuri

米 119 kome = Reis

　　links: kome-hen

糸 120 ito = Faden

　　links: ito-hen

缶 121 hotogi, mizugame = Wasserkrug, Tonkrug

　　links: hotogi-hen

网 122 oben: ami-gashira = Netz

罒 122 (5 Striche)

Lektion 1　第一課

羊 123 hitsuji = Schaf
羊 123 links: hitsuji-hen
羽 124 hane = Feder
　　　oben: hane-kanmuri
老 125 rou, oi = alt, alter Mensch
　　　oi-kanmuri, oigashira
耂 125 (4 Striche)
而 126 shikashite = und dabei, und dann
耒 127 links: suki-hen = Pflug
　　　raisuki = *rai* ist die On-Lesung von
　　　suki „Pflug" und *kuru* „kommen"
耳 128 mimi = Ohr
　　　links: mimi-hen
聿 129 fude = Schreibpinsel
　　　rechts: fude-zukuri
肉 130 niku = Fleisch, Muskel
月 130 (4 Striche)
　　　nikuzuki = *niku* „Fleisch" wie mit
　　　dem Kanji für *tsuki* „Mond"
　　　geschrieben
臣 131 shin, kerai = Diener, Minister
自 132 mizukara = selbst
至 133 itaru = ankommen
臼 134 usu = Mörser
舌 135 shita = Zunge
　　　links: shita-hen
舛 136 unten: mai-ashi = tanzen, irren,
　　　gegensätzlich
　　　Obwohl dieses Radikal 7 Striche
　　　hat, wird es in der Regel bei den
　　　Radikalen mit 6 Strichen aufgelistet.
舟 137 fune-hen: links = Schiff, Boot
艮 138 rechts: ne-zukuri = rechter Teil von
　　　ne „Wurzel", „Grenze"
艮 138 (5 Striche)

色 139 iro = Farbe
艸 140 kusa = Gras, Pflanze
艹 140 (4 Striche)
艹 140 (3 Striche) oben: kusa-kanmuri
虍 141 oben: tora-kanmuri, tora-gashira =
　　　Tiger
虫 142 mushi = Wurm, Insekt
　　　links: mushi-hen
血 143 chi = Blut
　　　links: chi-hen
行 144 umschließend: yuki-gamae, gyou-
　　　gamae = gehen
衣 145 koromo = Kleidungsstück
衤 145 (5 Striche) links: koromo-hen
西 146 nishi = Westen

7 Striche

見 147 miru = sehen
角 148 tsuno = Horn, Ecke
　　　links: tsuno-hen
言 149 kotoba = Sprache, Wort
　　　links: gom-ben
谷 150 tani = Tal
　　　links: tani-hen
豆 151 mame = Bohne
　　　links: mame-hen
豕 152 buta, inoko = Schwein
　　　links: inoko-hen
豸 153 mujina = Dachs
　　　ashinakimushi = Reptil
　　　links: mujina-hen
貝 154 kai = Muschel
　　　ko gai = kleine Muschel (zur
　　　Unterscheidung von Rad. 181)
　　　links: kai-hen
赤 155 aka = rot

Lektion 1　第一課

走 156 hashiru = laufen
足 157 ashi = Fuß
⻊ 157 links: ashi-hen
身 158 mi = Körper
　　　links: mi-hen
車 159 kuruma = Wagen, Rad
　　　links: kuruma-hen
辛 160 karai = bitter
辰 161 tatsu, shin no tatsu = Drache (das
　　　Zeichen für Drachen, das auch *shin*
　　　gelesen wird), 7 - 9 Uhr vormittags
辵 162 shin-nyuu, shin-nyou = vorwärts
　　　gehen, vorankommen (wie *shin*,
　　　susumu „vorwärts gehen, voran-
　　　kommen")
辶 162 (2 Striche)
辶 162 (3 Striche)
邑 163 oozato = großes Dorf, Gemeinde
阝 163 (2 Striche) rechts: oozato-zukuri
酉 164 tori = Vogel, hiyomi no tori =
　　　Vogel (Tierkreiszeichen)
　　　rechts: sake-zukuri = rechter Teil
　　　von *sake* 酒 „Sake"
釆 165 nogome = Katakana *no* + *kome* 米
　　　Reis, trennen
　　　links: nogome-hen
里 166 sato = Dorf
　　　ri = 2,44 Meilen
　　　links: sato-hen

8 Striche

金 167 kane = Metall, Geld
　　　links: kane-hen
長 168 nagai = lang
長 168 links: nagai-hen (7 Striche)
門 169 mon, kado = Tor, Tür
　　　umschließend: mon-gamae,
　　　kado-gamae
阜 170 kozato = kleines Dorf, Hügel
阝 170 (2 Striche) links: kozato-hen
隶 171 rechts: rei-zukuri = rechter Teil von
　　　rei 隷 „Sklave, Diener", fangen
隹 172 furutori = alter Vogel, kleiner Vogel
雨 173 ame = Regen
⻗ 173 oben: ame-kanmuri
青 174 ao = blau, blaugrün
非 175 arazu = nicht, flach

9 Striche

面 176 men = Gesicht, Oberfläche
革 177 kaku no kawa = Leder, Haut
　　　(geschrieben mit dem Zeichen mit
　　　der Lesung *kaku*, zur Unterscheidung
　　　von Rad 107)
　　　links: kawa-hen
韋 178 nameshigawa = Leder, gegerbtes
　　　Leder
　　　Obwohl dieses Radikal 10 Striche
　　　hat, wird es in der Regel bei den
　　　Radikalen mit 9 Strichen aufgelistet.
韭 179 nira = Lauch
音 180 oto = Laut, Ton
　　　links: oto-hen
頁 181 oogai = große Muschel, Kopf
　　　ichi no kai = *ichi* 一 „eins" + *kai*
　　　„Muschel"
　　　peiji = Seite
風 182 kaze = Wind
　　　umschließend: fuu-nyou
飛 183 tobu = fliegen
食 184 shoku = Essen
飠 184 (8 Striche) links: shoku-hen

Lektion 1 　第一課

首 185 kubi = Kopf, Nacken
香 186 nioi, kaori = Duft

10 Striche
馬 187 uma = Pferd
　　　links: uma-hen
骨 188 hone = Knochen
　　　links: hone-hen
高 189 takai = hoch
髙 189 (11 Striche)
髟 190 kami = Haar
　　　oben: kami-gashira, kami-kanmuri
鬥 191 tou, tatakai = kämpfen
　　　umschließend: tou-gamae,
　　　tatakai-gamae
鬯 192 kaorigusa = Kräuter
鬲 193 ashi-kamae = Dreifuß
鬼 194 oni = Dämon
　　　links und unten: ki-nyou

11 Striche
魚 195 sakana, uo = Fisch
　　　links: uo-hen
鳥 196 tori = Vogel
　　　links: tori-hen
鹵 197 ro, shio = Salz
鹿 198 shika = Hirsch
　　　links: shika-hen
麦 199 (7 Striche) mugi = Getreide,
　　　Weizen
　　　links und unten:
　　　baku-nyou
麻 200 asa = Hanf
　　　umschließend: asa-kanmuri

12 Striche
黄 201 kiiroi = gelb
黄 201 (11 Striche)

黍 202 kibi = Hirse
黒 203 kuroi = schwarz
黑 203 (11 Striche)
黹 204 nuu, futsu: nähen, sticken

13 Striche
黽 205 aogaeru, ben = Frosch
鼎 206 kanae = (dreifüßiger) Kessel (Dieses
　　　Radikal hat eigentlich 12 Striche,
　　　gehört historisch aber zu den
　　　Radikalen mit 13 Strichen.)
鼓 207 tsuzumi = Handtrommel

14 Striche
鼠 208 nezumi = Ratte, Maus
　　　umschließend: nezumi-nyou
鼻 209 hana = Nase
齊 210 sai, hitoshii = gleich, ordnen
斉 210 (8 Striche)

15 Striche
齒 211 ha = Zahn
歯 211 (12 Striche)

16 Striche
龍 212 ryuu, tatsu = Drache
竜 212 (10 Striche)
龜 213 kame = Schildkröte
亀 213 (11 Striche)

17 Striche
龠 214 yaku, yaku no fue = Flöte

Lektion 1　第一課

Schreibrichtung und Strichfolge

Beim Lernen ist es wichtig, gleich von Anfang an die korrekte Schreibrichtung und Strichfolge zu berücksichtigen. Dies ist auch später für das Nachschlagen in Kanji-Wörterbüchern hilfreich.

Auch wenn es manchmal vorkommt, dass es – je nach Referenzwerk bzw. Kanji-Wörterbuch – für einige Kanji mehrere korrekte Schreibweisen gibt, so gelten jedoch immer die folgenden Grundregeln[*]:

1) Links vor rechts

Diese Regel gilt sowohl für die Schreibrichtung, wie z.B. bei *ichi* 一 „eins" (waagerechte Striche werden von links nach rechts geführt), als auch für die Strichfolge, wie z.B. bei *hachi* 八 „acht" (zuerst der linke, dann der rechte Strich).

2) Oben vor unten

Auch diese Regel bezieht sich auf Schreibrichtung und Strichfolge, wie z.B. bei *kawa* 川 „Fluss" (senkrechte Striche werden grundsätzlich von oben nach unten geführt). Dies gilt auch für schräge Striche wie in *hito* 人 „Mensch".

Kleine Häkchen als „Absetzen des Pinsels" werden auch mal aufwärts geführt.

Ein Beispiel für die Strichfolge von oben nach unten ist *ni* 二 „zwei" (gemäß der Regel wird erst der obere Teil, dann der untere geschrieben).

3) Waagerecht vor senkrecht

Wenn sich waagerechte und senkrechte Striche kreuzen, wie z.B. bei *juu* 十 „zehn", wird der waagerechte Strich zuerst geführt.

4) Rechts-links vor links-rechts

Wenn schräge Striche sich kreuzen, kommt zuerst der von rechts oben nach links unten führende Strich und dann der umgekehrt von links oben nach rechts unten führende, wie z.B. bei *chichi* 父 „Vater".

丶 八 ノ 父

---

[*] Ausführlich sind diese Regeln in dem vom Erziehungsministerium 1958 herausgegebenen 「筆順指導の手びき」 „hitsujun shidou no tebiki" zu finden.

5) Mitte zuerst
Der Mittelteil, wie z.B. bei *chiisai* 小さい „klein", kommt vor den symmetrischen Seitenteilen mit ein oder zwei Strichen.

6) Außen vor innen
Umschließungen, wie bei *onaji* 同じ „gleich", werden zuerst geschrieben. Bei vollständigen Umschließungen, wie bei *yon* 四 „vier", ist dann der unterste Strich der letzte.

7) Durchgehende Striche zuletzt
Durchgehende senkrechte Striche, wie bei *naka* 中 „Mitte", und durchgehende waagerechte Striche, wie bei *ko* 子 „Kind", werden zuletzt geschrieben.

Striche können außerdem noch die Richtung ändern, wie z.B. der zweite Strich bei *kuchi* 口 „Mund":

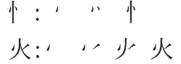

Der erste Strich wird senkrecht von oben nach unten geführt, der zweite ist zunächst waagerecht und ändert die Richtung dann, indem er nach unten führt. Der dritte Strich ist dann der untere waagerechte.

Ausnahmen
Ausnahmen von der Regel „Mitte zuerst" sind:

Ausnahmen von der Regel „waagerecht zuerst, wenn waagerechte und senkrechte Striche sich kreuzen" sind:

田：｜ 冂 冂 用 田

王：一 丅 干 王

隹：丿 亻 仁 仨 什 件 隹 隹

Hierzu gehören auch alle auf diesen Zeichen basierenden Kanji.

Das Nachschlagen von Kanji in Wörterbüchern:
Es gibt drei übliche Möglichkeiten, ein Kanji nachzuschlagen:
1) Nach der Gesamtstrichzahl
2) Nach einer Lesung
3) Nach dem Radikal

1) Nach der Gesamtstrichzahl

Man zählt sämtliche Striche des Kanji und sucht es in der entsprechenden Liste. Nicht alle Wörterbücher verfügen allerdings über eine solche Liste.

2) Nach einer Lesung

Man kennt eine der Lesungen des Kanji und sucht das Kanji unter dieser in der entsprechenden Liste.

3) Nach dem Radikal

Man sucht das Radikal und zählt dann die verbleibenden Striche.

Bsp.: 私 = ich, privat
    zu 1) Die Gesamtstrichzahl beträgt 7.
    zu 2) Die Lesungen sind *SHI* und *watashi*.
    zu 3) Das Radikal ist 禾 (Radikal Nr. 115).

Vorstellung eines Kanji in diesem Buch:

① hon 本 Buch, nihon 日本 Japan, nihongo 日本語 Japanisch, nihonjin 日本人 Japaner(in)	
② 本	③ HON: Buch; Zähleinheitswort (ZEW) für lange, dünne Gegenstände; gegenwärtig; dieser moto: Ursprung
④ ｜ 2, 木 75 (5)	⑤ 一 十 木 本

⑥
L 4: honya 本屋 Buchladen; L 8: nihonbashi 日本橋 (Stadtteil von Tokyo); L 12: honshuu 本州 Honshu; L 14: hontou ni 本当に wirklich, tatsächlich; L 16: yamamoto 山本 (Name); L 17: hashimoto 橋本 (Name); L 18: hon 本 Zähleinheitswort (ZEW) für lange, schmale Gegenstände; L 24: matsumoto 松本 (Name), honjitsu 本日 heute (höflich)

① Vokabeln, die in der Lektion neu vorkommen und in denen das Kanji enthalten ist

② neues Kanji

③ Lesungen mit Bedeutungen

・Sinojapanische Lesung (音読み *on-yomi*): in Großbuchstaben

・Japanische Lesung (訓読み *kun-yomi*): in Kleinbuchstaben

In Fällen mit sehr vielen Lesungen und Bedeutungen werden nur die häufig verwendeten aufgeführt.

④ ｜ : Radikal des Kanji

2 : Nummer des Radikals

木: alternatives Radikal

75: Nummer des alternativen Radikals

(5): Gesamtzahl der Striche

⑤ Schreibweise

⑥ Vokabeln, in denen das Kanji ebenfalls vorkommt, mit Angabe der Lektion; die mit * gekennzeichneten Kanjikombinationen sind weitere Beispiele, die nicht im Lehrbuch vorkommen

第二課 Lektion 2

中、失、来、願、元、今、休、刺、口、名、山、日、晩、木、
村、様、気、田、礼、私、言、陰

tanaka 田中 (Name); nakayama 中山 (Name)	
中	CHUU: Mitte, Inneres, ganz naka/uchi: in, innen, mitten in, Mitte, Inneres, zwischen
｜ 2 (4)	｜ 冂 口 中

L 5: naka 中 in, mannaka 真ん中 mitten in; L 8: chuuou-sen 中央線 Chuo-Linie; L 20: hanbaichuu 販売中 (Verkauf/Verkaufsautomat ist) betriebsbereit; L 21: nyuuinchuu desu 入院中です im Krankenhaus sein; L 23: chuugakusei 中学生 Mittelschüler

shitsurei 失礼 Unhöflichkeit, 失礼します Entschuldigung! Ich bin unhöflich.	
失	SHITSU: Fehler, Verlust, Schaden, Nachteil ushina(u): verlieren u(seru): verschwinden, verloren gehen
ノ (4)、大 37 (5)	ノ 一 二 失 失

L 17: ushinau 失う verlieren; L 19: shippai 失敗 Misserfolg, shippai suru 失敗する Misserfolg haben

kimashita 来ました ich bin gekommen	
来	RAI ku(ru), ko-, kita(ru): kommen
ノ 4, 木 75 (7)	一 立 平 来

L 4: kuru 来る kommen; L 9: raishuu 来週 nächste Woche, rainen 来年 nächstes Jahr, raigetsu 来月 kommender Monat; L 11: saraishuu 再来週 übernächste Woche; L 15: motte kuru 持って来る mitbringen

onegai shimasu お願いします bitte; ich bitte darum; Ich habe eine Bitte an Sie.	
願	GAN nega(i): die Bitte nega(u): bitten
ノ 4, 頁 181 (19)	厂 厅 厉 原 願 願

genki 元気 wohlauf, Ogenki desu ka. お元気ですか。 Geht es Ihnen gut?	
元	GEN GAN moto: Ursprung, Anfang, Ursache
二 7, 儿 10 (4)	一 二 テ 元

L 9: gannen 元年 erstes Jahr nach der japanischen Jahreszählweise; L 21: gantan 元旦 der Neujahrstag

konnichi wa 今日は guten Tag, konban wa 今晩は guten Abend	
今	KON ima: jetzt
亻 9 (4)	ノ 人 今 今

*konnichi 今日 heutzutage; L 8: kyou 今日 heute, ima 今 jetzt; L 9: kongetsu 今月 dieser Monat, konshuu 今週 diese Woche, kotoshi 今年 dieses Jahr; L 24: kesa 今朝 heute Morgen

oyasumi nasai お休みなさい gute Nacht	
休	KYUU yasu(mu): ausruhen, pausieren, sich freinehmen, schwänzen yasumi: Ferien, Urlaub, freier Tag
亻 9 (6)	亻 什 休 休

L 4: yasumu 休む ausruhen, pausieren, sich freinehmen; L 8: hiruyasumi 昼休み Mittagspause; L 11: natsuyasumi 夏休み Sommerferien, yasumi 休み Ferien, Urlaub

第二課　Lektion 2

meishi 名刺 Visitenkarte	
刺	SHI: Visitenkarte sa(su): stechen toge: Dorn, Stachel
刂 18 (8)	一 市 束 刺

L 4: sashimi 刺身 Sashimi, osashimi お刺身 höflicher als *sashimi*

yamaguchi 山口 (Name)	
口	KOU, KU kuchi: Mund
口 30 (3)	｜ 冂 口

L 3: deguchi 出口 Ausgang, iriguchi 入口 Eingang; L 10: kuchi 口 Mund; L 12: jinkou 人口 Bevölkerung, Einwohnerzahl; L 15: jidoukaisatsuguchi 自動改札口 automatische Sperre; L 16: kaisatsuguchi 改札口 Sperre (im Bahnhof)

meishi 名刺 Visitenkarte	
名	MEI, MYOU na: Name, Ruf
夕 36 (6)	ク 夕 名 名

L 7: nanmeisama 何名様 wie viele Personen; L 10: yuumei 有名 berühmt; L 14: fairumei ファイル名 Dateiname; L 18: mei 名 Zähleinheitswort (im Folgenden nur noch ZEW) für Personen; L 20: myouji 名字 Familienname, hiragana 平仮名 Hiragana (japanische Silbenschrift), atena 宛名 Adresse, Anschrift

yamaguchi 山口 (Name), nakayama 中山 (Name)	
山	SAN yama: Berg
山 46 (3)	丨 山 山

L 8: yamanote-sen 山手線 Yamanote-Linie; L 11: fujisan 富士山 der Berg Fuji; L 16: yamamoto 山本 (Name), yamada 山田 (Name)

konnichi wa 今日は guten Tag	
日	**NICHI, JITSU** hi, -bi: Sonne, Tag -ka: Tag
日 72 (4)	丨 冂 日 日

L 3: nihongo 日本語 Japanisch, nihonjin 日本人 Japaner(in), nihon 日本 Japan; L 4: kinou 昨日 gestern; L 8: kyou 今日 heute, heijitsu 平日 Werktag, nihonbashi 日本橋 (Stadtteil von Tokyo), ichinichi 一日 ein Tag; L 9: hi/nichi 日 Tag, tsuitachi 一日 der erste Tag des Monats (weitere Kalendertage s. L 9), ashita/asu 明日 morgen, asatte 明後日 übermorgen, getsuyoubi 月曜日 Montag, kayoubi 火曜日 Dienstag, suiyoubi 水曜日 Mittwoch, mokuyoubi 木曜日 Donnerstag, kinyoubi 金曜日 Freitag, doyoubi 土曜日 Sonnabend, nichiyoubi 日曜日 Sonntag, tanjoubi 誕生日 Geburtstag; L 11: mainichi 毎日 jeden Tag; L 13: ototoi 一昨日 vorgestern; L 16: nikkou 日光 (Ortsname); L 24: sakujitsu 昨日 gestern (höflich), honjitsu 本日 heute (höflich), myounichi 明日 morgen (höflich)

konban wa 今晩は guten Abend	
晩	**BAN**: Abend, Nacht oso(i): spät
日 72 (12)	日 旷 晩 晩

kimura 木村 (Name)	
木	**MOKU, BOKU** ki: Baum, Holz
木 75 (4)	一 十 才 木

L 9: mokuyoubi 木曜日 Donnerstag

kimura 木村 (Name)	
村	**SON** mura: Dorf
木 75 (7)	十 木 村 村

第二課　Lektion 2

L 24: muramatsu 村松 (Name); L 24: tamura 田村 (Name)

Okagesama de ... お陰様で Dank Ihres Schattens ...	
様	YOU: Art und Weise, Zustand, Ähnlichkeit sama: Zustand, Herr, Frau
木 75 (14)	木　栏　样　样　様

L 7: nanmeisama 何名様 wie viele Personen; L 24: okusama 奥様 Gattin (höflicher als *okusan*); L 25: ou-sama 王様 König

genki 元気 wohlauf, Ogenki desu ka. お元気ですか。 Geht es Ihnen gut?	
気	KI KE: Geist, Seele
气 84 (6)	宀　气　気　気

L 6: ki wo tsukeru 気をつける aufpassen; L 10: byouki 病気 Krankheit; L 14: denki 電気 Strom, Licht; L 21: ninki 人気 beliebt

tanaka 田中 (Name)	
田	DEN ta: Reisfeld
田 102 (5)	丨　冂　冊　田

L 4: kawada 川田 (Name); L 8: tsudanuma 津田沼 (Ortsname), narita-kuukou 成田空港 Flughafen Narita; L 14: yoshida 吉田 (Name); L 16: yamada 山田 (Name); L 24: sumida 住田 (Name), tamura 田村 (Name); * yuden 油田 Ölfeld, suiden 水田 Reisfeld

shitsurei 失礼 Unhöflichkeit, 失礼します Entschuldigung! Ich bin unhöflich.	
礼	REI: Dankbarkeit RAI: Dank, Lohn, Gruß, Höflichkeit
礻 113 (5)	丶　ネ　ネ　礼

第二課　Lektion 2

watashi 私 ich	
私	SHI watakushi, watashi: ich, privat
禾 115 (7)	千 禾 私 私

L 22: watashitachi 私達 wir

... to iimasu ... と言います ich heiße ...	
言	GEN, GON -koto/ koto-: Wort i(u): sagen, heißen
言 149 (7)	二 言 言 言

L 4: iu 言う sagen, heißen; L 18: kotoba 言葉 Sprache, Wort; * gengo 言語 Sprache

Okagesama de ... お陰様で... Dank Ihres Schattens ...	
陰	IN: negativ, verborgen, Schatten, Geheimnis kage: Schatten, Rückseite kage(ru): dunkel / bewölkt sein
ß 170 (10)	ß ß＾ ß今 陰

Lese- und Schreibübungen

1) Lesen Sie die Dialoge.

今日は
中山さん「山口さん、今日は。」
山口さん「ああ 中山さん、今日は。お元気 ですか。」
中山さん「はい、お陰様で 元気 です。山口さん は。」
山口さん「私も 元気 です。」

第二課　Lektion 2

はじめまして
シューマンさん「はじめまして、ABCの シューマン です。
　　　　　　　　ドイツ から 来ました。どうぞ よろしく お願い します。」
田中さん「はじめまして、田中 です。これ は 私の 名刺 です。
　　　　　　どうぞ よろしく。」
シューマンさん「どうも ありがとう ございます。」

おはよう ございます
山口さん「おはよう ございます。」
田中さん「おはよう ございます。お元気 ですか。」
山口さん「お陰様で 元気です。こちら は 木村さん です。」
木村さん「木村と 言います。どうぞ よろしく。」
田中さん「はじめまして、田中と 言います。これは 私の 名刺です。
　　　　　　どうぞ よろしく お願いします。」
木村さん「どうも ありがとう ございます。」

2) Lesen Sie die Sätze.
1. 今日は。
2. 今晩は。
3. お休みなさい。
4. 失礼します。
5. 「お元気ですか。」「お陰様で元気です。」
6. お願いします。

3a) Schreiben Sie die folgenden Wörter mit Kanji.
たなか、やまぐち、きむら、しつれい、きました、おねがい、げんき、こんにちは、こんばんは、おやすみなさい、めいし、おかげさまで、わたし、といいます

3b) Wie lauten die anderen Lesungen der Kanji?

第三課 Lektion 3

本、出、人、会、何、便、入、動、員、図、大、子、学、局、
新、時、机、椅、洗、濯、父、物、生、病、社、窓、書、自、
行、計、話、誌、語、車、郵、銀、聞、院、雑、電、館、駅

hon 本 Buch, nihongo 日本語 Japanisch, nihonjin 日本人 Japaner(in), nihon 日本 Japan	
本	HON: Buch, Ursprung, ZEW für lange, dünne Gegenstände; dieser ... moto: Ursprung
｜2, 木 75 (5)	一 十 木 本

L 4: honya 本屋 Buchladen; L 8: nihonbashi 日本橋 (Stadtteil von Tokyo); L 12: honshuu 本州 Honshu (Inselname); L 14: hontou ni 本当に wirklich, tatsächlich; L 16: yamamoto 山本 (Name); L 17: hashimoto 橋本 (Name); L 18: hon 本 ZEW für lange, schmale Gegenstände; L 24: matsumoto 松本 (Name), honjitsu 本日 heute (höflich)

deguchi 出口 Ausgang	
出	SHUTSU, de de(ru): herausgehen, herauskommen da(su): herausnehmen, abschicken
｜2, 凵 17 (5)	丨 屮 中 出

L 4: dasu 出す heraustun, deru 出る hinausgehen, hinausfahren; L 16: shuppatsu 出発 Abfahrt; L 20: dete kuru 出てくる herauskommen; L 21: omoidasu 思い出す sich erinnern an; L 22: dekakeru 出かける ausgehen, weggehen

doitsujin ドイツ人 Deutsche(r), ...jin ...人 Person eines Landes, nihonjin 日本人 Japaner(in)	
人	JIN, NIN hito: Mensch
人 9 (2)	ノ 人

L 4: shujin 主人 (mein) Ehemann; L 6: fujin 夫人 Frau, Ehefrau von; L 7: futari 二人 zwei

第三課　Lektion 3

Personen; L 10: hito 人 Mensch, gaijin 外人 / gaikokujin 外国人 Ausländer; L 12: jinkou 人口 Bevölkerung, Einwohnerzahl, nin 人 Zählwort für Menschen; L 17: kojinteki 個人的 persönlich; L 18: hitori 一人 eine Person; L 21: ninki 人気 beliebt

kaisha 会社 Firma	
会	KAI: Versammlung, Gesellschaft, Verein a(u): treffen
亠 9 (6)	𠆢 𠆢 会 会

L 4: au 会う treffen; L 8: kaigi 会議 Sitzung; L 18: bounenkai 忘年会 Jahresabschlussfeier; L 22: ryokougaisha 旅行会社 Reisebüro

nan / nani 何 was	
何	KA nan, nani: was, welcher
亻 9 (7)	亻 仁 仁 何 何

L 7: nanmeisama 何名様 wie viele Personen; L 17: nani ka 何か irgendetwas, -ein

yuubinkyoku 郵便局 Postamt	
便	BEN: Bequemlichkeit BIN: Post, Gelegenheit tayo(ri): Neuigkeit, Nachricht, Brief
亻 9 (9)	亻 仁 価 便 便

L7: benri 便利 praktisch; L 20: yuubinkitte 郵便切手 Postwertzeichen, Briefmarke

iriguchi 入口 Eingang	
入	NYUU i(reru): hineintun, hineinstecken, einlassen i(ru), hai(ru): hineingehen, eintreten
入 11 (2)	ノ 入

L 4: ireru 入れる hineintun, hairu 入る hineingehen, hineinsteigen; L 6: Ohairi kudasai. お入り下さい。 Kommen Sie bitte herein.; L 14: nyuumon 入門 Einführung, nyuuryoku suru

入力する eingeben; L 20: kounyuu suru 購入する kaufen, tounyuu 投入 Einwurf; L 21: nyuuinchuu desu 入院中です im Krankenhaus sein; L 24: kinyuu suru 記入する ausfüllen (z.B. Formulare)

jidousha 自動車 Auto	
動	DOU ugo(ku): sich bewegen ugo(kasu): bewegen ugo(ki): Bewegung
力 19 (11)	二 亘 重 重 動 動

L 15: jidoukaisatsuguchi 自動改札口 automatische Sperre, jidoukaisatsuki 自動改札機 automatischer Fahrkartenentwerter; L 17: saikidou (suru) 再起動 (する) (auf) Reset (drücken); L 20: jidouhanbaiki 自動販売機 (Verkaufs-)Automat

kaishain 会社員 Firmenangestellte(r)	
員	IN: Mitglied
口 30 (10)	冖 므 昌 員

L 8: ekiin 駅員 Bahnhofsangestellter; L 23: shain 社員 Angestellter, Firmenangestellter; L 24: ippan-shain 一般社員 Angestellter

toshokan 図書館 Bibliothek	
図	ZU: Zeichnung, Plan TO: Bild, Karte haka(ru): planen
口 31 (7)	冂 冈 図 図

L 5: chizu 地図 Landkarte, Stadtplan

第三課 Lektion 3

daigakusei 大学生 Student	
大	DAI, TAI, oo- oo(kii) oo(ki na): groß
大 37 (3)	一 ナ 大

L 5: daigaku 大学 Universität; L 9: oosaka 大阪 Osaka (Ortsname); taishou 大正 Taishō (Devise der Jahreszählung von 1912 bis 1926); daijoubu 大丈夫 in Ordnung, OK; L 10: ookii 大きい groß; ooki(na) 大き(な) groß; L 12: toukyou daigaku 東京大学 Universität Tokyo (auch: Todai); L 15: daibutsu 大仏 großer Buddha; wakamiyaooji 若宮大路 (Straße in Kamakura); L 17: oozei 大勢 viele (Menschen); L 19: taihen 大変 sehr, schlimm, wichtig; L 21: taisetsu 大切 wichtig; L 24: taishita 大した besonders, bedeutend, perfekt

isu 椅子 Stuhl	
子	SHI, SU ko: Kind
子 39 (3)	了 了 子

L 6: okashi お菓子 Süßigkeiten; L 7: kodomo 子供 Kinder; L 9: yukiko 雪子 (Frauenname); musuko 息子 Sohn; L 12: zushi-shi 逗子市 die Stadt Zushi, odoriko 踊子 Tänzerin; L 13: neji 捻子 Schraube, hanako 花子 (Frauenname); L 14: yuuko 裕子 (Frauenname), denshimēru 電子メール E-Mail; L 18: eriko 恵里子 (Frauenname); L 21: akiko 明子 (Frauenname), okosan お子さん Kind (respektvoll), musuko-san 息子さん Sohn (respektvoll), ko 子 Kind, yumiko 由美子 (Frauenname); L 22: michiko 道子 (Frauenname)

daigakusei 大学生 Student	
学	GAKU: Wissenschaft, Studium, Lehre mana(bu): lernen
子 39 (8)	⺌ 宀 学 学

L 5: daigaku 大学 Universität; L 12: nōberu bungakushou ノーベル文学賞 Nobelpreis für Literatur; ryuugaku suru 留学する im Ausland studieren; bungakubu 文学部 Fakultät für Literatur; toukyou daigaku 東京大学 Universität Tokyo (auch: Todai); L 13: gakkou 学校 Schule; L 23: gakusei 学生 Schüler; chuugakusei 中学生 Mittelschüler

yuubinkyoku 郵便局 Postamt	
局	KYOKU: Amt, Behörde
尸 44 (7)	⁻ 尸 局 局

shinbun 新聞 Zeitung	
新	SHIN ara(ta) atara(shii): neu, frisch
斤 69 (13)	立 亲 新 新

L 10: atarashii 新しい neu; L 11: shinkansen 新幹線 Shinkansen; L 21: shinnen 新年 Neujahr, das neue Jahr; L 22: shinjuku 新宿 (Stadtteil von Tokyo)

tokei 時計 Uhr	
時	JI toki: Zeit, Stunde; wenn, als
日 72 (6)	日 旷 旷 時

L 8: ji 時 Stunde, tokidoki 時々 manchmal, jikokuhyou 時刻表 Fahrplan; L 14: toki 時 wenn, als

tsukue 机 Schreibtisch	
机	KI tsukue: Schreibtisch
木 75 (6)	十 木 村 机

第三課　Lektion 3

isu 椅子 Stuhl	
椅	I: Stuhl
木 75 (12)	木　栌　栳　梳　椅

sentakumono 洗濯物 Wäsche	
洗	SEN ara(u): waschen
氵 85 (9)	氵　氵　汁　洴　洗

L 6: otearai お手洗 Toilette; L 14: arau 洗う waschen

sentakumono 洗濯物 Wäsche	
濯	TAKU: waschen, spülen
氵 85 (17)	氵　氵　澤　澤　濯

chichi 父 (mein) Vater	
父	FU chichi: Vater o(tou)san: Vater (respektvoll)
父 88 (4)	ノ　ハ　ク　父

L 21: ojiisan お祖父さん Großvater (höflich), oji 叔父 Onkel (mein; jüngerer Bruder der Mutter oder des Vaters), sofu 祖父 (eigener) Großvater; otousan お父さん Vater (respektvoll)

sentakumono 洗濯物 Wäsche	
物	BUTSU, MOTSU mono: Sache, Ding, Gegenstand
牛 93 (8)	牛　牛　牞　物

第三課　Lektion 3

L 7: nomimono 飲み物 Getränk, kaimono 買物 Einkauf, kaimono suru 買物する einkaufen, Einkauf machen, kudamono 果物 Obst; L 15: komono 小物 kleine Sachen, Kleinigkeit; L 16: wasuremono 忘れ物 vergessene Gegenstände, Fundsachen; owasuremono お忘れ物 höflicher als *wasuremono*; L 17: tatemono 建物 Gebäude, bukka 物価 Lebenshaltungskosten; L 18: tabemono 食べ物 Essen, Nahrung, Lebensmittel, nimotsu 荷物 Gepäck

daigakusei 大学生 Student	
生	SEI, SHOU: Leben i(kiru): leben u(mu): gebären u(mareru): geboren werden nama: roh, unreif, frisch
生 100 (5)	ノ 匕 牛 生

L 9: tanjoubi 誕生日 Geburtstag; L 12: umareru 生まれる geboren werden; L 13: sensei 先生 Lehrer, Meister; L 18: seimei 生命 Leben; L 21: tanjou-pātī 誕生パーティー Geburtstagsfeier; L 23: chuugakusei 中学生 Mittelschüler, gakusei 学生 Schüler

byouin 病院 Krankenhaus	
病	BYOU, HEI yamai: Krankheit; schlechte Angewohnheit ya(mu): leiden; krank sein
疒 104 (10)	广 疒 疒 疔 病 病

L 10: byouki 病気 Krankheit

kaisha 会社 Firma	
社	SHA: Firma, Verein, Gesellschaft, Shinto-Schrein yashiro: Shinto-Schrein
礻 113 (7)	㇏ ネ 社 社

L 11: jinja 神社 Shinto-Schrein; L 22: ryokougaisha 旅行会社 Reisebüro; L 23: shain 社員 Angestellter, Firmenangestellter; L 24: shachou 社長 Firmenpräsident, torishimariyaku shachou 取締役社長 Präsident (Vorsitzender des Vorstands), ippan-shain 一般社員 Angestellter

第三課　Lektion 3

mado 窓 Fenster	
窓	SOU mado: Fenster
穴 116 (11)	宀 宊 空 窓 窓

toshokan 図書館 Bibliothek	
書	SHO: Kalligraphie, Handschrift, Schriftstück ka(ku): schreiben
聿 129, 日 72 (10)	ヿ 亖 圭 書

L 4: kaku 書く schreiben; L 5: jisho 辞書 Wörterbuch; L 15: rirekisho 履歴書 Lebenslauf; L 16: seikyuusho 請求書 Rechnung, kaite aru 書いてある geschrieben stehen

jidousha 自動車 Auto	
自	SHI, JI mizuka(ra): selbst
自 132 (6)	′ 丨 冂 自

L 12: jisatsu 自殺 Selbstmord, jisatsu wo togeru 自殺をとげる Selbstmord begehen; L 13: jibun 自分 selbst; L 15: jidoukaisatsuki 自動改札機 automatischer Fahrkartenentwerter, jidoukaisatsuguchi 自動改札口 automatische Sperre; L 20: jidouhanbaiki 自動販売機 (Verkaufs-) Automat

ginkou 銀行 Bank	
行	GYOU: Reihe, Linie KOU: Reise, Gruppe, Reihe i(ku): gehen, fahren oko(nau): tun, durchführen ...yuki: in Richtung ...
行 144, 彳 60 (6)	′ 彳 行 行

L 4: iku 行く gehen; L 8: ...yuki ...行 (Zug) in Richtung ...; L 10: ryokou 旅行 Reise; L 11: hikouki 飛行機 Flugzeug; L 16: motte iku 持って行く (etw.) mitnehmen; L 17: zokkou suru 続行する fortsetzen; L 19: aruite iku 歩いて行く zu Fuß hingehen; L 22: ryokougaisha 旅行会社 Reisebüro, yakoubasu 夜行バス Nachtreisebus

tokei 時計 Uhr	
計	KEI: Summe, Plan, Messen haka(ru): messen, rechnen haka(rau): verfahren, vorgehen, behandeln
言 149 (9)	言 言 言 計

denwa 電話 Telefon, denwa suru 電話する telefonieren	
話	WA hana(su): sprechen, erzählen hana(shi): Gespräch, Erzählung, Bemerkung, Vortrag
言 149 (13)	言 言 話 話

L 4: hanasu 話す sprechen; L 5: koushuudenwa 公衆電話 öffentliches Telefon; L 18: douwa 童話 Märchen; L 23: hanashi 話し Erzählung, Gespräch, Vortrag

zasshi 雑誌 Zeitschrift	
誌	SHI: Dokument, Zeitschrift shiru(su): aufschreiben
言 149 (14)	言 訁 誌 誌

...go ...語 Sprache eines Landes, doitsugo ドイツ語 Deutsch, nihongo 日本語 Japanisch, furansugo フランス語 Französisch	
語	GO: Wort, Sprache eines Landes kata(ru): sprechen, erzählen
言 149 (14)	言 訁 語 語

第三課　Lektion 3

kuruma 車 Auto, jidousha 自動車 Auto	
車	SHA kuruma: Auto, Karren, Rad
車 159 (7)	一　亘　亘　車

L 7: kyuukyuusha 救急車 Krankenwagen; L 8: hassha 発車 Abfahrt, ressha 列車 Bahn, Fernbahn, densha 電車 Bahn; L 13: chuusha suru 駐車する parken; L 16: shanai 車内 Wageninneres, gurīnsha グリーン車 1. Klasse, jousha 乗車 Mitfahrt, gojousha 御乗車 höflicher als *jousha*, L 18: chuushajou 駐車場 Parkplatz

yuubinkyoku 郵便局 Postamt	
郵	YUU, YU: Post, Poststation
阝 163 (10)	三　乕　乕　垂　郵

L 20: yuubinkitte 郵便切手 Postwertzeichen, Briefmarke

ginkou 銀行 Bank	
銀	GIN shirogane: Silber
金 167 (14)	亼　金　釒　鈩　銀

L 8: ginza 銀座 (Stadtteil von Tokyo)

shinbun 新聞 Zeitung	
聞	BUN, MON kiku: hören, zuhören, fragen ki(koeru): zu hören sein
門 169, 耳 128 (14)	丨　尸　門　聞　聞

L 4: kiku 聞く hören, fragen; L 14: kikoeru 聞こえる zu hören sein

第三課 Lektion 3

byouin 病院 Krankenhaus	
院	IN: (angehängt an Bezeichnungen von Institutionen, Hochschulen, Krankenhäuser usw.)
⻖ 170 (9)	⻖ ⻖⸜ 陉 院

L 21: nyuuinchuu desu 入院中です im Krankenhaus sein

zasshi 雑誌 Zeitschrift	
雑	ZOU, ZATSU: Vermischtes, Verschiedenes ma(jiru): gemischt werden ma(zaru): sich mischen ma(zeru): mischen
隹 172 (14)	ノ 九 朵 刹 新 雑

denwa 電話 Telefon, denwa suru 電話する telefonieren	
電	DEN: Elektrizität; Licht
雨 173 (13)	一 于 乕 雷 電

L 5: koushuudenwa 公衆電話 öffentliches Telefon; L 8: densha 電車 Bahn; L 13: dengenpuragu 電源プラグ Stromstecker; L 14: denshimēru 電子メール E-Mail, denki 電気 Strom, Licht, dengen wo kiru 電源を切る Strom ausschalten

toshokan 図書館 Bibliothek	
館	KAN: (bei Bezeichnungen von Hotels, Bürogebäuden usw.) großes Gebäude, Halle
食 184 (16)	今 食 飣 飩 館

L 23: eigakan 映画館 Kino

eki 駅 Bahnhof	
駅	EKI: Bahnhof, Station
馬 187 (14)	丨 厂 馬 馬 馬コ 駅

Lese- und Schreibübungen

1) Lesen Sie den Dialog.

これは私の本です

図書館で

田中さん「おはよう ございます。」

シューマンさん「おはよう ございます。お元気ですか。」

田中さん「はい、お陰様で 元気です。シューマンさんは。」

シューマンさん「私も 元気です。すみませんが、これは 何ですか。」

田中さん「これは 新聞です。日本の 新聞です。あれは シューマンさんの 本ですか。」

シューマンさん「はい、私の 本です。ドイツの 本です。」

田中さん「それも ドイツ語の 本ですか。」

シューマンさん「いいえ、これはドイツ語の 本ではありません。フランス語の 本です。」

2) Lesen Sie die Sätze.

1. これは何ですか。
2. 「これは 駅の 出口ですか。」「いいえ、入り口です。」
3. 「それは 雑誌 ですか。」「いいえ、これは 新聞です。」
4. 父は 会社員 です。
5. 田中さんは 日本人 です。大学生 です。
6. あれは 山口さんの 自動車 です。
7. この車 は私の 車です。
8. 日本語の 本ですか。
9. 「あれは 郵便局 ですか。銀行 ですか。」「郵便局 です。」
10. 病院の 出口 です。
11. この机は 父の 机 です。椅子は 私の 椅子です。

12. これは 窓です。
13. これは 田中さんの 時計ですか。
14. これは 電話です。
15. 「あれは 洗濯物 ですか。」「いいえ、わかめ です。」
16. 「これは 何ですか。」「日本語の 雑誌です。」

3a) Schreiben Sie die folgenden Wörter mit Kanji.
にほんじん、ドイツご、かいしゃいん、なに、いりぐち、でぐち、
じどうしゃ、いす、しんぶん、とけい、つくえ、せんたくもの、ちち、
だいがくせい、まど、でんわ、ざっし、くるま、
ゆうびんきょく、としょかん、びょういん、ぎんこう、えき

3b) Wie lauten die anderen Lesungen der Kanji?

第四課　Lektion 4

天、寿、東、乗、主、京、佐、住、働、切、助、司、吸、呼、
始、寝、屋、川、帰、彼、待、手、持、昨、歩、死、思、知、
笑、答、紙、終、買、考、花、藤、要、見、覚、読、走、起、
身、閉、開、降、食、飲

tenpura 天ぷら Tempura	
天	TEN ame: Himmel
一 1, 大 37 (4)	一 二 于 天

L 9: tennou 天皇 Tenno (jap. Kaiser)

sushi 寿司 Sushi, osushi お寿司 höflicher als *sushi*	
寿	SU, JU kotobuki: Alter, langes Leben, Glückwunsch
ノ 4, 寸 41 (7)	三 声 寿 寿 寿

L 18: chirashizushi ちらし寿司 Chirashi-Sushi

toukyou 東京 Tokyo	
東	TOU higashi: Osten azuma: Osten, Ost-Japan
ノ 4, 木 75 (8)	一 百 車 東

L 8: toukaidou-sen 東海道線 Tokaido-Linie; L 12: toukyou daigaku 東京大学 Universität Tokyo (Abkürzung: toudai 東大)

noru 乗る einsteigen, fahren mit	
乗	JOU no(ru): einsteigen, fahren mit, reiten
ノ 4 (9)	千 千 垂 乗

L 15: takushī-noriba タクシー乗り場 Taxistand; L 16: norikaeru 乗り換える umsteigen, jousha 乗車 Mitfahrt, gojousha 御乗車 höflicher als *jousha*

shujin 主人 (mein) Ehemann	
主	SHU: Hausherr, Meister, Herr nushi: Besitzer, Hausherr omo(na): hauptsächlich, Haupt-
亠 8, 丶 3 (5)	丶 亠 丅 主

L 12: omo na 主な hauptsächlich, Haupt-

toukyou 東京 Tokyo	
京	KYOU, KEI miyako: Hauptstadt
亠 8 (8)	亠 古 亨 京

L 10: kyouto 京都 Kyoto; L 12: toukyou daigaku 東京大学 Universität Tokyo

satou 佐藤 (Name)	
佐	SA tasu(keru): helfen
亻 9 (7)	亻 仁 仨 佐

第四課　Lektion 4

sumu 住む wohnen	
住	JUU su(mu): wohnen
イ 9 (7)	イ 亻 仁 住 住

L 5: (ni) sunde iru (に)住んでいる wohnen (in); L 6: juusho 住所 Adresse, gojuusho ご住所 höflicher als *juusho*; L 24: osumai お住まい Wohnort, Wohnung, sumida 住田 (Name)

hataraku 働く arbeiten	
働	DOU hatara(ku): arbeiten hatara(ki): Arbeit
イ 9 (13)	イ 亻 信 俥 僮 働

L 21: roudoukumiai 労働組合 Arbeitergewerkschaft, roudousha 労働者 Arbeiter

kitte 切手 Briefmarke	
切	SETSU: ernsthaft, freundlich ki(ru): schneiden
刀 18 (4)	一 七 切 切

L 10: kippu 切符 Karte, Fahrkarte; L 13: shinsetsu 親切 freundlich; L 14: dengen wo kiru 電源を切る Strom ausschalten; L 20: yuubinkitte 郵便切手 Postwertzeichen, Briefmarke; L 21: taisetsu 大切 wichtig

tasukeru 助ける helfen	
助	JO tasu(ke): Hilfe tasu(keru): helfen, retten tasu(karu): Hilfe erhalten
力 19 (7)	冂 目 且 助

sushi 寿司 Sushi, osushi お寿司 höflicher *sushi*	
司	SHI tsukasa: Behörde, Verwaltung, Amt tsukasado(ru): (durch)führen, verwalten
口 30 (5)	丆 丬 司 司

L 18: chirashizushi ちらし寿司 Chirashi-Sushi

(tabako wo) suu （タバコを）吸う rauchen	
吸	KYUU su(u): saugen, lutschen, rauchen
口 30 (6)	口 吅 吸 吸

yobu 呼ぶ rufen	
呼	KO yo(bu): rufen, zu sich rufen, benennen
口 30 (8)	口 吖 吘 呼

hajimaru 始まる beginnen, hajimeru 始める (etwas) beginnen	
始	SHI haji(meru): (etw.) beginnen haji(maru): beginnen haji(mete): zum ersten Mal haji(me wa): zu Beginn haji(me): Beginn
女 38 (8)	女 女 奵 妒 始

neru 寝る schlafen, liegen	
寝	SHIN ne(ru): sich hinlegen, schlafen
宀 40 (13)	宀 宀 疒 寍 寝

第四課　Lektion 4

honya 本屋 Buchladen	
屋	OKU ya: Haus, Laden, Geschäft, Händler
尸 44 (9)	尸 尸 屄 屋

L 5: heya 部屋 Zimmer

kawada 川田 (Name)	
川	SEN kawa: Fluss
川 47 (3)	ノ 川 川

kaeru 帰る zurückkehren	
帰	KI kae(ru): zurückkehren kae(su): zurückkehren lassen, entlassen
58, 巾 50 (10)	ノ リ 尸 帰 帰

kare 彼 er	
彼	HI: er, jener kare: er ano: jene/r/s
彳 60 (8)	彳 彳 彳 彼 彼

L 18: kanojo 彼女 sie

matsu 待つ warten	
待	TAI ma(tsu): warten, erwarten
彳 60 (9)	彳 彳 彳 待

L 17: Omachi kudasai. お待ち下さい。Bitte warten Sie. Omatase shimashita. お待たせ

第四課 Lektion 4

しました。Ich habe Sie warten lassen. shoutai 招待 Einladung, shoutai suru 招待する einladen

kitte 切手 Briefmarke, tegami 手紙 Brief	
手	SHU te: Hand
手 64 (4)	一 二 三 手

L 6: otearai お手洗 Toilette; L 8: yamanote-sen 山手線 Yamanote-Linie; L 10: te 手 Hand, jouzu 上手 begabt, heta 下手 unbegabt; L 14: tetsudau 手伝う helfen; L 20: yuubinkitte 郵便切手 Postwertzeichen, Briefmarke

motsu 持つ tragen	
持	JI mo(tsu): haben, halten, besitzen
扌 64 (9)	扌 扩 挂 持

L 15: motte kuru 持って来る mitbringen; L 16: motte iku 持って行く (etw.) mitnehmen; L 19: kanemochi 金持ち reicher Mann

kinou 昨日 gestern	
昨	SAKU: Vergangenheit, gestern
日 72 (9)	日 旷 旷 昨

L 13: ototoi 一昨日 vorgestern; L 18: yuube 昨夜 gestern Abend; L 24: sakujitsu 昨日 gestern (höflich)

aruku 歩く zu Fuß gehen	
歩	HO BU: Proportion aru(ku): zu Fuß gehen
止 77 (8)	丨 卜 止 步 歩 歩

第四課　Lektion 4

L 13: sanpo 散歩 Spaziergang, sanpo suru 散歩する spazieren gehen; L 19: aruite iku 歩いて行く zu Fuß hingehen

shinu 死ぬ sterben	
死	SHI: Tod shi(nu): sterben
歹 78 (6)	一　歹　歹　死

omou 思う denken, meinen	
思	SHI omo(u): denken, meinen, glauben omo(i): Gedanke
田 102, 心 61 (9)	冂　田　思　思

L 10: to omou と思う denken, dass

shiru 知る kennen	
知	CHI: Wissen shi(ru): wissen, kennen lernen, kennen
矢 111 (8)	ᅩ　矢　知　知

L 24: gozonji desu ご存知です kennen (ehrerbietig)

warau 笑う lachen	
笑	SHOU wara(u): lachen, lächeln
竹 118 (10)	⺮　⺮⺮　竺　笀　笑

kotaeru 答える antworten	
答	TOU kotae: Antwort kota(eru): antworten
竹 118 (12)	⺮ 笁 笞 答

tegami 手紙 Brief	
紙	SHI kami: Papier
糸 120 (10)	幺 糸 紅 紙

L 20: shihei 紙幣 Geldschein; L 24: youshi 用紙 Formular

owaru 終わる enden	
終	SHUU owari: Ende o(waru): enden
糸 120 (11)	糸 紗 終 終

L 14: shuuryou suru 終了する beenden

kau 買う kaufen	
買	BAI ka(u): kaufen
罒 122, 貝 154 (12)	冂 罒 買 買

L 7: kaimono 買物 Einkauf, kaimono suru 買物する einkaufen, Einkauf machen; L 20: kaiagegaku 買い上げ額 Kaufbetrag, okaiagegaku お買上額 Kaufbetrag (höflich)

第四課　Lektion 4

kangaeru 考える nachdenken	
考	KOU kanga(eru): denken, nachdenken kanga(e): Gedanke
耂 125 (6)	土　耂　考　考

hana 花 Blume	
花	KA hana: Blume, Blüte
艹 140 (7)	艹　艹　花　花

L 13: hanako 花子 (Frauenname)

satou 佐藤 (Name)	
藤	TOU fuji: Glyzinie
艹 140 (18)	艹　艹　艹　䒽　藤　藤

iru 要る benötigen	
要	YOU: Hauptsache, Notwendigkeit i(ru): benötigen, brauchen
西 146 (9)	一　西　要　要

miru 見る sehen, mitsukeru 見つける finden, entdecken	
見	KEN mi(ru): sehen mi(eru): zu sehen sein mi(seru): zeigen mi(tsukeru): finden mi(tsukaru): gefunden werden
見 147 (7)	冂　月　目　見

L 11: mieru 見える zu sehen sein; L 15: miseru 見せる zeigen; L 18: mimai 見舞 Krankenbesuch; L 19: mitsukaru 見つかる gefunden werden; L 23: iken 意見 Meinung; L 24: haiken suru 拝見する sehen (bescheiden)

oboeru 覚える sich erinnern, sich merken	
覚	KAKU obo(eru): sich erinnern, sich merken, lernen sa(meru): aufwachen sa(masu): aufwecken
見 147 (12)	⺍ ⺍⺍ 尚 覚

yomu 読む lesen	
読	DOKU, TOKU yo(mu): lesen
言 149 (14)	言 詰 詰 読

hashiru 走る laufen	
走	SOU hashi(ru): laufen
走 156 (7)	土 キ 丰 走

okiru 起きる aufstehen	
起	KI o(kiru): aufstehen, auf sein o(koru): entstehen o(kosu): verursachen, wecken
走 156 (10)	キ 走 起 起

L 17: saikidou (suru) 再起動(する) auf Reset drücken

第四課 Lektion 4

sashimi 刺身 Sashimi, osashimi お刺身 höflicher als *sashimi*	
身	SHIN mi: Körper, Fleisch, Selbst
身 158 (7)	＇ ＾ 自 身 身

shimeru 閉める schließen, tojiru 閉じる schließen	
閉	HEI shi(meru): schließen to(jiru): schließen shi(maru): sich schließen
門 169 (11)	｜ 尸 門 閉 閉

L 19: shimaru 閉まる sich schließen

akeru 開ける öffnen	
開	KAI: Öffnung, Entwicklung a(keru): öffnen hira(ku): öffnen a(ku): sich öffnen, aufgehen
門 169 (12)	｜ 尸 門 閂 開

L 14: hiraku 開く öffnen; L 17: kaihatsu 開発 Entwicklung, kaihatsu suru 開発する entwickeln; L 19: aku 開く sich öffnen, aufgehen

oriru 降りる aussteigen, herabsteigen	
降	KOU fu(ru): fallen (Niederschlag) o(riru): aussteigen, herabsteigen
阝 170 (9)	阝 阣 阼 降

L 11: furu 降る fallen (Regen, Schnee etc.); L 16: Oori kudasai. お降り下さい。 höflicher als *Orite kudasai*. Bitte aussteigen!

taberu 食べる essen	
食	SHOKU: Essen, Mahlzeit ta(beru): essen ku(u): essen, fressen
食 184 (9)	ノ 𠆢 今 亼 飠 食

L 7: shokugo 食後 nach dem Essen, shokuji 食事 Essen, Mahlzeit, shokuji wo suru 食事をする essen; L 8: yuushoku 夕食 Abendessen; L 10: shokuzen 食前 vor dem Essen; L 18: tabemono 食べ物 Essen, Nahrung, Lebensmittel

nomu 飲む trinken	
飲	IN no(mu): trinken
飲 184 (12)	ノ 亼 食 飮 飲

L 7: nomimono 飲み物 Getränk

Lese- und Schreibübungen

1) Lesen Sie den Dialog.

どこに 行きますか

佐藤さん 「どこに 行きますか。」
川田さん 「郵便局に 行きます。手紙を 書きました。切手を 買います。佐藤さんは 何を しますか。」
佐藤さん 「私は 本屋さんに 行きます。昨日何を しましたか。」
川田さん 「レストランで 食べました。」
佐藤さん 「何を 食べましたか。」
川田さん 「お刺身と 天ぷらを 食べました。主人は うどんを 食べました。」
佐藤さん 「じゃ、また。」
川田さん 「さようなら。」

2) Lesen Sie die Sätze.

1. 日本のレストランでお寿司とお刺身を食べました。
2. 図書館で新聞を読みました。

3. シューマンさんは日本で働きました。
4. 川田さんはこの花を買います。
5. 私はこの本を東京で買いました。
6. 「窓を閉めましたか。」「いいえ、開けました。」
7. 何を飲みましたか。
8. 山口さんを見ましたか。
9. 彼は昨日帰りました。
10. 「自動車に乗りますか。」「いいえ、歩きます。」
11. 父は笑いました。
12. タバコを吸いますか。
13. 父は日本語を話します。
14. 東京に行きます。
15. シューマンさんは東京に住んでいます*。
16. どこに住んでいます*か。
17. それは要りません。
18. 山口さんは父を助けました。
19. 主人を待ちます。
20. 田中さんを覚えますか。
21. 佐藤さんを知りませんか。
22. 昨日ホテルで寝ました。
23. 駅に走りました。
24. 始めました。
25. 田中さんを呼びました。
26. 「佐藤さんは死にましたか。」「いいえ、元気です。」
27. それは思いません。
28. 「答えましたか。」「いいえ、わかりませんでした。答えを知りませんでした。」
29. 私は考えました。
30. 終わりました。

---

*Statt 住みます steht hier die Verlaufsform 住んでいます, da es sich um einen längeren Zeitraum handelt.

31.「山口さんは起きましたか。」「いいえ、寝ます。」
32. 車を降ります。

3a) Schreiben Sie die folgenden Wörter mit Kanji.

てんぷら、おすし、さしみ、とうきょう、のる、しゅじん、さとう、すむ、はたらく、きって、たすける、タバコをすう、よぶ、はじめる、ねる、ほんや、かわだ、かえる、かれ、まつ、もつ、きのう、あるく、しぬ、おもう、しる、わらう、こたえる、てがみ、おわる、かう、かんがえる、はな、いる、みる、おぼえる、よむ、はしる、おきる、しめる、あける、おりる、たべる、のむ

3b) Wie lauten die anderen Lesungen der Kanji?

第五課 Lektion 5

下、奥、事、交、側、公、弟、前、区、真、上、兄、右、地、
外、好、妹、姉、左、庭、役、後、所、横、犬、猫、務、辞、
衆、辺、部、番、間、隅、隣

shita 下 unten, unter	
下	KA, GE, shita: unten shimo: der untere Teil (Te-Form des Verbs) + kuda(sai): (Bitte) kuda(saru): geben kuda(ru): hinuntergehen o(riru): hinab/aussteigen sa(garu): herabhängen, fallen, zurückgehen, sinken kuda(su), o(rosu), sa(geru): herablassen, herunternehmen
一 1 (3)	一 丁 下

L 6: Ohairi kudasai. お入り下さい。 Kommen Sie bitte herein. L 8: kudari 下り Abstieg (Zug: aus Richtung Tokyo); L 10: heta 下手 unbegabt; L 16: Oori kudasai. お降り下さい。 höflicher als *Orite kudasai*. Bitte aussteigen! sagaru 下がる zurückgehen, sinken; L 17: Omachi kudasai. お待ち下さい。 Bitte warten Sie. L 21: .. ni mo yoroshiku otsutae kudasi. ...にも宜しく お伝え下さい。 Bestellen Sie ... schöne Grüße! L 22: chikatetsu 地下鉄 U-Bahn; L 24: kudasaru 下さる respektvolle Form von *kureru*: geben (1. Person ist nicht das Subjekt)

oku 奥 hinten innen	
奥	OU oku: hinten innen, das Innerste, Hinterzimmer, Ehefrau
ノ 4, 大 37 (12)	亅 㐅 甪 奥 奥

L 6: okusan 奥さん Ehefrau; L 24: okusama 奥様 Gattin (höflicher als *okusan*)

jimusho 事務所 Büro	
事	JI koto: Sache, Tatsache, Angelegenheit
亅 6 (8)	一 亓 亖 事

L 6: kaji 火事 Feuer; L 7: shokuji 食事 Essen, Mahlzeit, shokuji wo suru 食事をする essen; L 8: shigoto 仕事 Arbeit; L 18: henji 返事 Antwort

kouban 交番 Polizeibox	
交	KOU: Kreuzung, Verkehr maji(waru): verkehren, Umgang haben, vertraut sein mit ma(jiru): mischen
亠 8 (6)	亠 六 交 交

soba 側 nahe, in der Nähe von	
側	SOKU kawa, gawa: Seite, eine Seite soba: nahe, in der Nähe von
亻 9 (11)	亻 仉 但 俱 側

L 16: uchigawa 内側 Innenseite

koushuudenwa 公衆電話 öffentliches Telefon	
公	KOU: Hof, Regierung, Öffentlichkeit ouyake: öffentlich, offiziell
八 12 (4)	ノ 八 公 公

kyoudai 兄弟 Geschwister, gokyoudai ご兄弟 höflicher als *kyoudai*	
弟	DAI, TEI otouto: jüngerer Bruder
⸝ 12, 弓 57 (7)	⸝ 丷 䒑 弟 弟 弟

第二課　Lektion 5

L 21: otouto(san) 弟(さん) jüngerer Bruder

mae 前 vor	
前	ZEN mae: vor, bevor
ヽ 12, 18 (9)	ヽ 䒑 艹 前 前

L 8: gozen 午前 Vormittag; L 10: shokuzen 食前 vor dem Essen; L 13: atarimae 当たり前 selbstverständlich; L 14: mae 前 vor, bevor; L 21: zenryaku 前略 Begrüßungsfloskel im Brief

kuyakusho 区役所 Bezirksamt, Bezirksrathaus	
区	KU: Bezirk, städtischer Verwaltungsbezirk
匸 22 (4)	一 フ ヌ 区

mannaka 真ん中 mitten in	
真	SHIN: Wahrheit, Reinheit, Wirklichkeit man: wahr, rein, genau
十 24 (10)	一 直 直 真

L 13: shashin 写真 Foto

ue 上 oben, auf, über	
上	JOU ue: oben kami: oberer Teil a(geru): heben, hochheben, erhöhen, geben, schenken a(garu), nobo(ru): steigen
ト 25, 一 1 (3)	丨 卜 上

L 4: あげる geben, schenken; L 6: meshiagaru 召し上がる essen, trinken (respektvoll); L 8: nobori 上り Aufstieg (Zug: in Richtung Tokyo); L 10: jouzu 上手 begabt; L 13: shiyoujou no chuui 使用上の注意 Gebrauchshinweise; L 15: ageru 上げる hochheben; L 16:

shiageru 仕上げる erledigen, fertig stellen; L 20: kaiagegaku 買上額 Kaufbetrag; okaiagegaku お買上額 Kaufbetrag (höflich); L 24: sashiageru 差し上げる geben, schenken (bescheiden)

kyoudai 兄弟 Geschwister; gokyoudai ご兄弟 höflicher als: kyoudai	
兄	KYOU, KEI ani: älterer Bruder (o)nii(san): älterer Bruder (respektvoll)
口 30, 儿 10 (5)	丨 口 尸 兄

L 21: ani 兄 älterer Bruder; oniisan お兄さん älterer Bruder (respektvoll)

migi 右 rechts (von)	
右	YUU, U migi: rechts
口 30 (5)	ノ ナ 右 右

chizu 地図 Landkarte, Stadtplan	
地	CHI: die Erde, Boden JI: Land, Boden
土 32 (6)	土 圠 圫 地

L 22: chikatetsu 地下鉄 U-Bahn

soto 外 draußen, außerhalb	
外	GAI, GE soto: draußen, außerhalb hoka: andere(r)
夕 36 (5)	ク 夕 夘 外

L 10: gaijin 外人 / gaikokujin 外国人 Ausländer; L 12: mori ougai 森鴎外 (Schriftsteller); L 13: hoka 外 andere

第二課　Lektion 5

suki desu 好きです mögen	
好	KOU kono(mu), su(ki): mögen
女 38 (6)	女　女　奵　好

L 10: suki 好き mögen

imouto 妹 jüngere Schwester	
妹	MAI imouto: jüngere Schwester
女 38 (8)	女　妌　妹　妹

L 7: imouto-san 妹さん jüngere Schwester (respektvoll); L 21: shimai 姉妹 Schwestern

ane 姉 ältere Schwester	
姉	SHI ane: ältere Schwester (o)nee(san): ältere Schwester (respektvoll)
女 38 (8)	女　奵　姉　姉

L 21: oneesan お姉さん ältere Schwester (respektvoll); shimai 姉妹 Schwestern

hidari 左 links (von)	
左	SA hidari: links
工 48 (5)	一　ナ　ナ　左

第二課　Lektion 5

niwa 庭 Garten	
庭	TEI niwa: Garten
广 53 (10)	广 广 庐 庭 庭

kuyakusho 区役所 Bezirksamt, Bezirksrathaus	
役	YAKU: Dienst, Pflicht, Nutzen, Position
彳 60 (7)	⼃ 彳 伇 役

L 24: torishimariyaku-shachou 取締役社長 Präsident (Vorstandsvorsitzender), torishimariyaku 取締役 Direktor (Vorstandsmitglied), torishimariyaku-buchou 取締役部長 Abteilungsdirektor (Vorstandsmitglied)

ushiro 後ろ hinten, hinter	
後	KOU, ushi(ro): hinten, hinter, Rückseite GO, nochi: später, nach, danach ato: nach, nachdem
彳 60 (9)	彳 彳 㣤 後

L 7: shokugo 食後 nach dem Essen; L 8: gogo 午後 Nachmittag; L 9: asatte 明後日 übermorgen; L 13: saigo 最後 Ende, saigo ni 最後に zuletzt; L 14: ato (de) 後 (で) nachdem

jimusho 事務所 Büro; kuyakusho 区役所 Bezirksamt, Bezirksrathaus	
所	SHO tokoro: Ort
戸 63 (8)	ヨ 戸 戸 所

L 6: juusho 住所 Adresse, gojuusho ご住所 höflicher als *juusho*; L 22: daidokoro 台所 Küche

第二課　Lektion 5

yoko 横 neben	
横	OU yoko: neben, Seite yoko(taeru): hinlegen yoko(tawaru): sich hinlegen
木 75 (15)	木 柠 柠 梻 横

L 8: yokohama 横浜 (Ortsname); L 8: yokosuka 横須賀 (Ortsname)

inu 犬 Hund	
犬	KEN inu: Hund
犬 94 (4)	一 ナ 大 犬

neko 猫 Katze	
猫	BYOU neko: Katze
犭 94 (11)	犭 犭 犲 猫 猫 猫

jimusho 事務所 Büro	
務	MU tsuto(me): Verpflichtung, Dienst tsuto(meru): arbeiten, angestellt sein, seine Pflicht erfüllen
矛 110, 力 19 (11)	マ 矛 矛 孜 務

jisho 辞書 Wörterbuch	
辞	JI: Nachricht, Wörter; Rücktritt ya(meru): das Amt niederlegen
舌 135, 辛 160 (13)	千 舌 舌 辝 辞

koushuudenwa 公衆電話 öffentliches Telefon

衆 — SHUU: Menge, Masse

血 143 (12)   宀 血 ㄓ 眔 衆

atari 辺り Gegend

辺 — HEN; ata(ri): Gegend

辶 162 (4)   フ 刀 ㇆ 辺

heya 部屋 Zimmer

部 — BU: Teil, Sektion, Büro, Abteilung; Exemplar (einer Veröffentlichung)

阝 163 (10)   亠 立 音 部

L 12: bungakubu 文学部 Fakultät für Literatur; L 15: zenbu 全部 alles; L 17: buchou 部長 Abteilungsleiter; L 24: torishimariyakubuchou 取締役部長 Abteilungsleiter (Vorstandsmitglied), L 25: seibu amerika 西部アメリカ der Westen Amerikas

kouban 交番 Polizeibox

番 — BAN: Nummer, Reihe, Dienst

釆 165, 田 102 (12)   宀 平 釆 番

L 6: denwabangou 電話番号 Telefonnummer; L 8: bansen 番線 Gleis; L 22: ichiban 一番 erste/r/s, am meisten

第二課　Lektion 5

aida 間 zwischen		
間	KAN, KEN aida: während, zwischen ma: Zwischenraum, Zeitraum	
門 169 (12)	丨　尸　門　間	

L 13: machigau 間違う einen Fehler machen, verwechseln; L 14: aida 間 während; L 16: mamonaku 間もなく bald, gleich; L 18: ma 間 ZEW für Zimmer

sumi 隅 (in der) Ecke	
隅	GUU sumi: (in der) Ecke, Winkel
β 170 (11)	阝　阝冂　阴　隅　隅

tonari 隣り neben, benachbart	
隣	RIN: Nachbarschaft tona(ri): benachbart
β 170 (15)	阝　阝米　阝米　隣

Lese- und Schreibübungen

1) Lesen Sie den Dialog.

この 辺りに 郵便局 が ありますか

シュミットさん「すみませんが、この 辺りに 郵便局 が ありますか。」
木村さん「郵便局 ですね。郵便局 は プリンス・ホテル の 右
　　　　 にあります。」
中山さん「いいえ、プリンス・ホテル の 右 には 銀行 が あります。
　　　　 郵便局 は プリンス・ホテル の 左 です。」
シュミットさん「プリンス・ホテル は どこ に ありますか。」
中山さん「ああ、すみません。プリンス・ホテル は 駅 の 前 に
　　　　 あります。」
シュミットさん「どうも ありがとう ございました。」

2) Lesen Sie die Sätze.
1. 銀行は郵便局の隣りにあります。
2. 駅の前に交番がありますか。
3. この辺りに図書館がありますか。
4. 弟は東京大学に行きます。
5. 妹は区役所の前で姉を待ちます。
6. 犬と猫は庭にいます。
7. 山口さんは事務所にいません。
8. 駅の側にホテルがありますか。
9. すみませんが、駅の中に公衆電話がありますか。
10. ご兄弟がいますか。
11. 地図は新聞の下にあります。
12. 兄は犬が好きです。私は猫が好きです。
13. 佐藤さんの事務所は左です。
14. 田中さんの横にだれですか。
15. 猫は部屋の奥にいます。
16. 辞書は机の上にあります。
17. 外で食べましょうか。
18. 大学の後ろに山口さんが住んでいます。
19. 銀行と郵便局の間に川田さんの会社があります。
20. あの隅に何がありますか。
21. 「ここは真ん中ですか。」「いいえ、真ん中ではありません。」

3a) Schreiben Sie die folgenden Wörter mit Kanji.
した、おく、そば、まえ、まんなか、うえ、みぎ、そと、ひだり、
うしろ、よこ、あたり、あいだ、すみ、となり、
じむしょ、こうしゅうでんわ、ちず、じしょ、へや、
こうばん、くやくしょ、
にわ、いぬ、ねこ、
きょうだい、いもうと、あね、すきです

3b) Wie lauten die anderen Lesungen der Kanji?

第六課 Lektion 6

一、夫、使、召、医、号、味、噌、妻、宅、察、度、座、汁、
火、玄、酒、繰、者、茶、菓、警、貸、質、返、問、関、飯

mou ichido もう一度 noch einmal	
一	ICHI: eins hito(tsu): ein (allg. ZEW) hito-: ein
一 1 (1)	一

L 7: ichi 一 eins; L 8: ichinichi 一日 ein Tag; L 9: tsuitachi 一日 der erste Tag des Monats, issho ni 一緒に gemeinsam; L 13: ototoi 一昨日 vorgestern; L 15: ikkai 一回 einmal; L 18: hitotsu 一つ ein (allg. ZEW); hitori 一人 eine Person; L 22: ichiban 一番 erste/r/s, am meisten; L 23: ichirou 一郎 (Männername); L 24: ippan-shain 一般社員 Angestellter

fujin 夫人 Frau, Ehefrau von	
夫	FUU, FU otto: Ehemann
ノ 4, 大 37 (4)	一 二 夫 夫

L 9: daijoubu 大丈夫 in Ordnung, OK; L 21: otto 夫 Ehemann

tsukau 使う benutzen	
使	SHI: Benutzung; Bote tsuka(u): benutzen
亻 9 (8)	亻 仁 ケ 使

L 13: tsukaikata 使い方 Art und Weise, etwas zu benutzen; shiyoujou no chuui 使用上の注意 Gebrauchshinweise; L 17: shiyou suru 使用する benutzen

第六課　Lektion 6

meshiagaru 召し上がる essen, trinken (respektvoll)		
召	**SHOU** me(su): (respektvoll) zu sich rufen, (Kleidung) tragen, ein Bad nehmen, etw. nehmen, kaufen	
刀 18, 口 30 (5)	刀 刀 召 召	

isha 医者 Arzt, oisha-san お医者さん höflicher als *isha*		
医	I: Medizin, Heilkunde	
匚 22 (7)	一 ニ 矢 医	

denwabangou 電話番号 Telefonnummer		
号	**GOU**: Nummer	
口 30 (5)	口 口 旦 号	

misoshiru 味噌汁 Misosuppe		
味	**MI** aji: Geschmack, Wert	
口 30 (8)	口 口一 口十 味	

L 11: kyoumi 興味 Interesse, ...ni kyoumi ga aru ... に興味がある Interesse haben an ...;
L 16: imi 意味 Bedeutung

misoshiru 味噌汁 Misosuppe		
噌	SO, SOU, SHOU, ZOU: Hals, Kehle	
口 30 (14)		

第六課　Lektion 6

tsuma 妻 (eigene) Ehefrau		
妻	SAI tsuma: Ehefrau	
女 38 (8)	一 ヨ 事 妻	

otaku お宅 Haus (respektvoll)		
宅	TAKU: Haus, Residenz	
宀 40 (6)	宀 宀 宅 宅	

keisatsu 警察 Polizei		
察	SATSU SAS(suru): beurteilen, raten, vermuten, verstehen	
宀 40 (14)	宀 宀 宀 宀 察 察	

L 10: shinsatsu 診察 Untersuchung

mou ichido もう一度 noch einmal		
度	DO: Grad, Maß, Male, Grenze tabi: Mal	
广 53 (9)	广 广 庐 度	

L 18: do 度 ZEW für Male

suwaru 座る sich setzen		
座	ZA: Sitz, Platz, (Suffix:) Theater suwa(ru): sich setzen	
广 53 (10)	广 庀 座 座	

L 8: ginza 銀座 (Stadtteil von Tokyo); L 9: kabukiza 歌舞伎座 (Kabukitheater in Tokyo);

L 18: zabuton 座布団 Sitzkissen

misoshiru 味噌汁 Misosuppe	
汁	JUU shiru: Saft, Brühe, Suppe
氵 85 (5)	丶 氵 汁 汁

sake 酒 Sake	
酒	SHU sake: Reiswein, alkoholisches Getränk
氵 85, 酉 164 (10)	氵 沂 洒 酒

kaji 火事 Feuer	
火	KA hi: Feuer, Flamme
火 86 (4)	丶 ⺍ 少 火

L 9: kayoubi 火曜日 Dienstag

genkan 玄関 Eingang, Flur	
玄	GEN: dunkel, obskur
玄 95 (5)	亠 亡 玄 玄

kurikaesu 繰り返す wiederholen	
繰	SOU ku(ru): spinnen, aufwinden; (Seite) umschlagen, (in einem Buch) nachschlagen; zählen
糸 120 (19)	糸 糹 綿 繰 繰

第六課　Lektion 6

isha 医者 Arzt; oisha-san お医者さん höflicher als *isha*	
者	SHA mono: Person
耂 125 (8)	土 耂 者 者

L 10: kanja 患者 Patient; L 21: roudousha 労働者 Arbeiter

ocha お茶 grüner Tee	
茶	SA CHA: Tee, Braun
艹 140 (9)	艹 艾 苯 茶

L 10: chairoi 茶色い braun; L 14: kissaten 喫茶店 Cafe

okashi お菓子 Süßigkeiten	
菓	KA: Kuchen, Frucht
艹 140 (11)	艹 苩 苩 菓 菓

keisatsu 警察 Polizei	
警	KEI ima(shimeru): warnen, verwarnen
言 149 (19)	艹 苟 敬 警

kasu 貸す verleihen	
貸	TAI ka(su): verleihen, vermieten ka(shi): Kredit
貝 154 (12)	イ 仁 代 代 貸

第六課　Lektion 6

shitsumon 質問 Frage	
質	SHITSU: Qualität, Natur
貝 154 (15)	斤　斦　斦　質

kurikaesu 繰り返す wiederholen	
返	HEN kae(su): zurück senden, zurück geben kae(ru): zurückkehren
辶 162 (6)	一　厂　反　返

L 18: henji 返事 Antwort

shitsumon 質問 Frage	
問	MON, to(i): Frage, Problem to(u): fragen, sich kümmern um
門 169, 口 30 (11)	丨　冂　日　門　問

L 18: mondai 問題 Problem, Frage

genkan 玄関 Eingang, Flur	
関	KAN, seki: Barriere KAN (suru): sich beziehen, anbelangen, angehen
門 169 (14)	丨　冂　門　閂　関

gohan ご飯 Reis (gekocht), Mahlzeit	
飯	HAN meshi: Essen, Mahlzeit, gekochter Reis
食 184 (12)	亽　刍　食　飣　飯

L 8: hirugohan 昼ご飯 Mittagessen; L 8: asagohan 朝ご飯 Frühstück

第六課　Lektion 6

Lese- und Schreibübungen
1) Lesen Sie den Dialog.
木村さんのお宅で
シューマンさん「ごめん下さい。」
木村さん「ああ、シューマンさん。いらっしゃいませ。どうぞ、お入り下さい。」
シューマンさん「おじゃまします。」
木村さん「私の妻です。」
シューマン「はじめまして。シューマンです。」
木村夫人「木村です。どうぞ、おかけ下さい。」
シューマンさん「これはつまらないものですが。」
木村さん「どうもありがとうございます。これは何でしょうか。開けてもいいですか。」
シューマンさん「ドイツのお菓子です。」
木村さん「ビールはいかがですか。」
シューマンさん「いただきます。どうもありがとうございます。」
木村夫人「お寿司を召し上がって下さい。」
木村さん「お刺身もどうぞ。」
木村夫人「おかわりはいかがですか。」
シューマンさん「もうけっこうです。おいしかったです。ごちそうさまでした。」
木村夫人「じゃ、お茶を入れます。」
シューマンさん「すみません。お手洗を貸して下さい。」
木村さん「はい、どうぞ。」
シューマンさん「トイレはどこですか。」
木村さん「まっすぐ行って下さい。玄関の右にあります。」
…
シューマンさん「そろそろ失礼します。」
木村さん「気をつけて下さい。」
シューマンさん「さようなら。」
木村夫人「また来て下さい。」

答えてください。
・シューマンさんはどこに行きますか。
・木村さんの奥さんもいますか。

- プレゼントは何ですか。
- 何を食べますか。何を飲みますか。
- シューマンさんはお手洗に行きますか。
- トイレはどこですか。

2) Lesen Sie die Sätze.
1. ちょっと待って下さい。
2. 昨日プリンス・ホテルでお茶を飲みました。
3. 夫は東京で働きます。
4. ちょっと質問してもいいですか。
5. 辞書を使ってもいいですか。
6. もう一度言って下さい。繰り返して下さい。
7. 昨日父は元気ではありませんでした。お医者さんを呼びました。
8. ご飯を食べますか。
9. 味噌汁を召し上がって下さい。
10. お酒を飲みますか。
11. 警察の電話番号を知りますか。（知っていますか。）
12. 火事です。助けて下さい。

3a) Schreiben Sie die folgenden Wörter mit Kanji.
もういちど、ふじん、つかう、めしあがる、おいしゃさん、でんわばんごう、みそしる、つま、おたく、けいさつ、すわる、かじ、げんかん、さけ、くりかえす、おちゃ、おかし、つかう、しつもん、ごはん

3b) Wie lauten die anderen Lesungen der Kanji?

第七課 Lektion 7

万、三、五、百、果、九、千、承、勉、七、二、六、例、供、億、八、普、円、兆、十、四、帳、強、急、払、救、文、注、洋、消、利、署、服、菜、通、野、防

man 万 zehntausend	
万	MAN: zehntausend BAN: viele; sehr wahrscheinlich
一 1 (3)	一 丁 万

L 19: mannenhitsu 万年筆 Füllfederhalter

san 三 drei	
三	SAN mit(tsu) mi-: drei
一 1 (3)	一 二 三

L 9: mikka 三日 (3日) der 3. Tag des Monats; L18: mittsu 三つ drei (allg. ZEW)

go 五 fünf	
五	GO itsu(tsu) itsu-: fünf
一 1, 二 7 (4)	一 丁 五 五

L 9: itsuka 五日 (5日) der 5. Tag des Monats; L 18: itsutsu 五つ fünf (allg. ZEW)

hyaku 百 hundert	
百	HYAKU: hundert
一 1, 白 106 (6)	一 丆 百 百

kudamono 果物 Obst	
果	KA: Frucht ha(te): Ergebnis, Resultat, Ende
丨 2, 木 75 (8)	日 旦 早 果

kyu, kyuu 九 neun	
九	KU, KYUU kokono(tsu) kokono-: neun
ノ 4, 乙 5 (2)	ノ 九

L 9: kokonoka 九日 (9日) der 9. Tag des Monats; L 12: kyuushuu 九州 Kyushu; L 18: kokonotsu 九つ neun (allg. ZEW)

sen 千 tausend	
千	SEN: tausend chi: tausend, zahlreich
ノ 4, 十 24 (3)	一 二 千

L 8: chiba 千葉

uketamawaru 承る hören, einen Befehl entgegennehmen	
承	SHOU uketamawa(ru): hören, einen Befehl entgegennehmen
ノ 4, 手 64 (8)	了 手 承 承

第二課　Lektion 7

benkyou suru 勉強する lernen, studieren	
勉	BEN tsuto(meru): sein Bestes geben
ノ 4, 力 19 (10)	刍　刍　免　勉

nana, shichi 七 sieben	
七	SHICHI, nana, nana(tsu) nana-: sieben
乙 5 (2)	一　七

L 9: nanoka 七日 (7日) der 7. Tag des Monats; L 18: nanatsu 七つ sieben (allg. ZEW)

ni 二 zwei; futari 二人 zwei Personen; futatsu 二つ zwei (allg. ZEW)	
二	NI futa(tsu) futa-: zwei
二 7 (2)	一　二

L 9: futsuka 二日 (2日) der 2. Tag des Monats; L 11: nijoujou 二条城 Schloss Nijojo; L 14: nikai 二回 zweimal

roku 六 sechs	
六	ROKU mut(tsu) mu-: sechs
亠 8, 八 12 (4)	亠　亣　六

L 9: muika 六日 (6日) der 6. Tag des Monats; L 18: muttsu 六つ sechs (allg. ZEW)

rei 例 Beispiel

例	REI: Beispiel tato(eru): vergleichen, bildlich/sinnbildlich darstellen tato(eba): z.B.
亻 9 (8)	亻 伢 例 例

L 23: tatoeba 例えば z.B.

kodomo 子供 Kinder

供	KYOU sona(eru): darbringen, opfern tomo: Gefolge, Begleiter
亻 9 (8)	亻 什 世 供 供

oku 億 100 Millionen

億	OKU: 100 Millionen
亻 9 (15)	亻 伫 倅 倍 億 億

hachi 八 acht

八	HACHI yat(tsu) ya-: acht
八 12 (2)	丿 八

L 9: youka 八日 (8日) der 8. Tag des Monats; L 15: hachimanguu 八幡宮 Hachiman-Schrein; L 18: yattsu 八つ acht (allg. ZEW)

futsuu 普通 normalerweise

普	FU: generell, allgemein
ヾ 12, 日 72 (12)	䒑 並 並 普

en 円 Yen		
	円	EN: Yen, Kreis maru(i): rund
冂 13 (4)		丨 冂 冂 円

L 20: ensatsu 円札 Yen-Note

chou 兆 Billion		
	兆	CHOU: Billion; Zeichen, Omen kizashi: Zeichen, Omen
冫 15, 儿 10 (6)		丿 刂 兆 兆

ju, juu 十 zehn		
	十	JU, JUU tou: zehn
十 24 (2)		一 十

L 9: touka 十日 (10日) der 10. Tag des Monats; L 18: tou 十 zehn (allg. ZEW)

shi, yon 四 vier		
	四	SHI, yon yot(tsu) yo-: vier
囗 31 (5)		冂 冂 四 四

L 9: shiki 四季 die vier Jahreszeiten, yokka 四日 (4日) der 4. Tag des Monats; L 12: shikoku 四国 Shikoku; L 18: yottsu 四つ vier (allg. ZEW)

denwachou 電話帳 Telefonbuch	
帳	CHOU: Notizbuch, Verzeichnis tobari: Vorhang
巾 50 (11)	丨 冂 巾 忄 帄 帳 帳 帳

benkyou suru 勉強する lernen, studieren	
強	KYOU tsuyo(i): stark tsuyo(meru): stärken, betonen
弓 57 (11)	弓 弘 弨 弹 強

kyuukyuusha 救急車 Krankenwagen	
急	KYUU: Notfall, Gefahr, Dringlichkeit, Eile KYUU na: plötzlich iso(gu): sich beeilen
心 61 (9)	勹 刍 急 急

L 19: isoide 急いで eilig

harau 払う bezahlen	
払	FUTSU hara(u): bezahlen hara(i): Bezahlung
扌 64 (5)	十 扌 払 払

kyuukyuusha 救急車 Krankenwagen	
救	KYUU suku(u): helfen, retten suku(i): Hilfe, Rettung, Erlösung
攵 66 (11)	十 扌 求 求 求 救

第二課　Lektion 7

chuumon 注文 Bestellung	
文	MON BUN: Satz, Text; Literatur, Kunst
文 67 (4)	` 亠 ナ 文

L 9: bunka 文化 Kultur; L 12: bungakubu 文学部 Fakultät für Literatur; nōberu bungakushou ノーベル文学賞 Nobelpreis für Literatur; L 13: bunpou 文法 Grammatik

chuumon 注文 Bestellung	
注	CHUU: Notizen, Kommentar soso(gu): gießen, eingießen, münden; sich einer Sache widmen tsu(gu): eingießen, einfüllen
氵 85 (8)	氵 氵⁻ 汁 注

L 10: chuusha 注射 Injektion; L 13: shiyoujou no chuui 使用上の注意 Gebrauchshinweise; L 16: (go)chuui (御)注意 Vorsicht

youfuku 洋服 (westliche) Kleidung	
洋	YOU: Ozean you-: fremd, westlich
氵 85 (9)	氵 氵⁻ 洋⁻ 洋

shoubousho 消防署 Feuerwehr	
消	SHOU ki(eru): ausgehen (Feuer), verschwinden ke(su): löschen, ausschalten, entfernen
氵 85 (10)	氵 氵⁻ 消 消

L13: kesu 消す ausschalten

benri 便利 praktisch	
利	RI: Vorteil ri(suru): Nutzen bringen, benutzen, Nutzen ziehen ki(ku): Wirkung haben, Erfolg haben, Einfluss haben
禾 115, 刂 18 (7)	ニ 千 禾 利

keisatsusho 警察署 Polizeistation, shoubousho 消防署 Feuerwehr	
署	SHO: Behörde, Polizeistation sho(suru): unterschreiben
罒 122 (13)	冂 罒 罨 署

youfuku 洋服 (westliche) Kleidung	
服	FUKU: Kleidung fuku(suru): sich beugen, gehorchen; sich kleiden, etw. zu sich nehmen, einnehmen
月 130 (8)	月 肌 服 服

yasai 野菜 Gemüse	
菜	SAI: Grünes, Beilage (Essen), Gemüse na: Grünes, Gemüse; Raps
艹 140 (11)	艹 芇 莖 菜

futsuu 普通 normalerweise	
通	TSUU TSUU(jite): durch tou(ru): passieren, hindurchgehen, entlangfahren tou(ri): Straße kayo(u): gehen, besuchen, oft besuchen
辶 162 (9)	マ 甬 甬 甬 通

L 15: komachidoori 小町通り (Straße in Kamakura); L 18: tsuu 通 ZEW für Briefe; L 24: tsuuyaku suru 通訳する dolmetschen

第二課　Lektion 7

yasai 野菜 Gemüse	
野	YA: Ebene, Landfläche, Feld; die Opposition no: Feld, Ebene ya-, no-: wild
里 166 (11)	日　甲　里　野　野

shouboushо 消防署 Feuerwehr	
防	BOU fuse(gu): verhindern, verteidigen
阝 170 (6)	了　阝　阶　防　防

Lese- und Schreibübungen

1) Lesen Sie den Dialog.

レストランで
シューマンさん「レストラン で 食事 を しましょうか。」
田中さん「そう ですね、あそこ の イタリア の レストラン に 入りましょうか。」
ウェーター「いらっしゃいませ。何名様 ですか。」
田中さん「2人 です。」
ウェーター「どうぞ こちら へ。」
シューマンさん「何 を 食べますか。」
田中さん「私 は ピザ と サラダ に します。シューマンさん は。」
シューマンさん「私 は ラザニア を 食べます。飲物 は ビール に します。食後 は コーヒー が 飲みたいです。」
田中さん「私 は ワイン に します。では、注文しましょう。」
ウェーター「ご注文 を 承ります。」
シューマンさん「ラザニア と ビール を お願いします。」
田中さん「ピザ と サラダ と ワイン を 下さい。それで 食後 は コーヒー を 二つ 下さい。」

メニュー			
パン	¥200	飲物	
サラダ	¥650	コーヒー	¥400
スパゲッティ	¥800	アイス・コーヒー	¥450
ラザニア	¥850	レモン・ティー	¥400
ピザ	¥750	ミルク・ティー	¥450
ステーキ	¥970	アイス・ティー	¥400
		オレンジ・ジュース	¥350
デザート		アップル・ジュース	¥350
ケーキ	¥450	トマト・ジュース	¥380
アイス・クリーム	¥500	ビール	¥490
アップルパイ	¥450	ワイン	¥520

シューマンさん「これは何ですか。」
田中さん「これはおしぼりです。」
シューマンさん「便利なものですね。日本ではどこで払いますか。
　　　　　　　それからチップは。」
田中さん「普通は出口で払います。チップはいりません。」
シューマンさん「いくらですか。」
田中さん「いいえ、今日は私が払います。」
…
シューマンさん「ごちそうさまでした。」

質問に答えてください。
・シューマンさんと田中さんはどこで食事をしますか。
・だれがコーヒーを飲みますか。
・いつコーヒーを飲みますか。
・だれが払いますか。
・コーヒーはいくらですか。
・ラザニアとビールはいくらですか。
・ピザとサラダとワインはいくらですか。

第二課　Lektion 7

2) Lesen Sie die Sätze.
1. 川田夫人は洋服を買いました。
2. 佐藤さんの電話番号は六四三五八四九九二です。
3. 「これはいくらですか。」「七千三百二十円です。」
4. 果物と野菜をたくさん食べて下さい。
5. 何万円が要りますか。
6. 妹は姉の電話帳を見たがります。
7. 日本語の勉強をしたいです。
8. 一兆は何億ですか。
9. 救急車を呼んで下さい。
10. 消防車の電話番号は何ですか。

3a) Schreiben Sie die folgenden Wörter mit Kanji.
いち、に、さん、し、ご、ろく、しち、はち、きゅう、じゅう、ひゃく、
せん、まん、おく、ちょう、
くだもの、やさい、うけたまわる、ちゅうもん、はらう、
べんきょうする、れい、
こども、べんり、ふつう、
えん、でんわちょう、ようふく、
きゅうきゅうしゃ、しょうぼうしょ、けいさつしょ

3b) Wie lauten die anderen Lesungen der Kanji?

第八課　Lektion 8

平、昼、央、印、表、半、業、久、午、仕、倉、分、刻、呂、
団、国、夕、家、布、須、成、授、方、橋、列、残、池、沼、
津、海、浜、浴、渋、港、無、熱、理、発、秒、空、立、料、
線、朝、葉、袋、議、谷、賀、道、里、鎌、面、風

heijitsu 平日 Werktag	
平	HYOU, BYOU, HEI: Ebene, Friede tai(ra): eben, flach; Name der Familie Taira
一 1, 干 51 (5)	一 丆 立 平

L 9: heisei 平成 Heisei (Devise der Jahreszählung seit 1989); L 20: hiragana 平仮名 Hiragana (japanische Silbenschrift)

hirugohan 昼ご飯 Mittagessen; hiruyasumi 昼休み Mittagspause	
昼	CHUU hiru: mittags
一 1, 日 72 (9)	コ 尺 昼 昼

chuuou-sen 中央線 Chuo-Linie	
央	OU: Zentrum, Mitte
丨 2, 大 37 (5)	丨 冂 口 央

muin 無印 ohne Aufdruck	
印	IN: Siegel, Stempel shirushi: Zeichen, Kennzeichen, Eindruck
丨 2, 卩 26 (6)	一 厂 도 臼 印

第八課　Lektion 8

L 14: insatsu suru 印刷する drucken

jikokuhyou 時刻表 Fahrplan	
表	HYOU: Liste, Tabelle, Tafel, Karte, Oberfläche, Ausdruck omote: Oberfläche, Vorderseite ara(wasu): zeigen, ausdrücken ara(waseru): erscheinen
丨 2, 衣 145 (8)	十　圭　表　表

L 12: daihyouteki 代表的 repräsentativ, typisch; L 24: hyou 表 Tabelle, Liste

han 半 halb	
半	HAN: halb naka(ba): halb, mitten
丶 3, 十 24 (5)	゛　⺍　半　半

L 14: hankaku 半角 Halbgeviertzeichen, Monobyte-Zeichen

jugyou 授業 Unterricht, zangyou 残業 Überstunden	
業	GYOU: Geschäft, Beruf, Unternehmen GOU: Karma waza: Tat, Handlung, Werk, Kunst
丶 3, 木 75 (13)	〃　業　業　業

kurihama 久里浜 (Ortsname)	
久	KYUU, KU hisa(shii): lange Zeit
ノ 4 (3)	ノ　ク　久

L 20: Ohisashiburi desu ne. お久しぶりですね。 Wir haben uns lange nicht mehr gesehen.

gozen 午前 Vormittag, gogo 午後 Nachmittag	
午	GO: Mittag uma: Sternzeichen Pferd
ノ 4, 十 24 (4)	ノ 一 二 午

shigoto 仕事 Arbeit	
仕	SHI tsuka(eru): dienen, bedienen tsukamatsu(ru): tun (bescheiden)
亻 9 (5)	亻 仁 什 仕

L 16: shiageru 仕上げる erledigen, fertig stellen

kamakura 鎌倉 (Ortsname)	
倉	SOU kura: Speicher, Magazin, Lagerhaus
𠆢 9 (10)	𠆢 亽 亼 倉

fun 分 Minute;	
分	BUN: Teil, Anteil BU: Teil, Prozent FUN: Minute wa(keru): teilen wa(kareru): sich trennen wa(karu): verstehen
八 12, 刀 18 (4)	ノ 八 分 分

L 13: jibun 自分 selbst; L 18: juubun 充分 genug; tabun 多分 vielleicht

第八課　Lektion 8

jikokuhyou 時刻表 Fahrplan	
刻	KOKU kiza(mu): klein schneiden, schnitzen
刂 18 (8)	亠 歹 亥 刻

ofuro お風呂 japanisches Bad	
呂	RO, RYO: Rückgrat
口 30 (7)	冂 口 呂 呂

futon 布団 Futon	
団	TON, DAN: Gruppe, Firma, Körperschaft
口 31 (6)	冂 冂 団 団

L 18: zabuton 座布団 Sitzkissen

kunitachi 国立 (Stadtteil von Tokyo)	
国	KOKU kuni: Land
口 31 (8)	冂 冂 国 国

L 9: kokuritsugekijou 国立劇場 Nationaltheater; L 10: gaikokujin 外国人 Ausländer;
L 12: shikoku 四国 Shikoku; shimaguni 島国 Inselreich; yukiguni 雪国 Schneeland

yuushoku 夕食 Abendessen	
夕	SEKI yuu, yuu(be): Abend
夕 36 (3)	ノ 勹 夕

uchi, ie 家 Haus	
家	KA: Suffix für „Person" KE: (eine Familie) uchi, ie, ya: Haus
宀 40 (10)	宀 宁 宇 家 家

L 12: sakka 作家 Schriftsteller; shousetsuka 小説家 Romanschriftsteller; L 16: yachin 家賃 Miete; L 21: kazoku 家族 Familie; kanai 家内 (eigene) Ehefrau

futon 布団 Futon	
布	FU, HO nuno: Stoff
巾 50 (5)	ノ ナ 冇 布

L 18: zabuton 座布団 Sitzkissen; L 22: saifu 財布 Portemonnaie

yokosuka 横須賀 (Ortsname)	
須	SU, SHU sube(karaku): unbedingt, auf jeden Fall
彡 59, 頁 181 (12)	彡 豸 須 須

narita-kuukou 成田空港 Flughafen Narita	
成	SEI, JOU na(ru): werden na(su): machen, durchführen
戈 62 (6)	) 厂 厅 成 成

L 9: heisei 平成 Heisei (Devise der Jahreszählung seit 1989)

第八課　Lektion 8

jugyou 授業 Unterricht	
授	JU sazu(keru): geben, gewähren, unterrichten sazu(karu): erhalten
扌 64 (11)	扌 扴 挘 授

houmen 方面 Richtung	
方	HOU: Richtung, Seite kata: Richtung, Person; nach Verben: Art und Weise
方 70 (4)	丶 亠 方 方

L 13: tsukaikata 使い方 Art und Weise, etwas zu benutzen; L 24: kata 方 Mensch (respektvoller als *hito*)

nihonbashi 日本橋 (Stadtteil von Tokyo)	
橋	KYOU hashi: Brücke
木 75 (16)	木 杵 桥 橋 橋

L 17: hashimoto 橋本 (Name)

ressha 列車 Bahn, Fernbahn	
列	RETSU: Reihe, Rang, Reihenfolge RES(suru): teilnehmen, dabei sein, im gleichen Rang stehen
歹 78, 刂 18 (6)	一 丅 歹 列

zangyou 残業 Überstunden	
残	ZAN: noko(ru): übrig bleiben noko(su): übrig lassen
歹 78 (10)	歹 歺 残 残

L 10: zannen 残念 schade, bedauerlich; L 20: zangaku 残額 Restbetrag

ikebukuro 池袋 (Stadtteil von Tokyo)	
池	CHI ike: Teich
氵 85 (6)	氵 氵 池 池

tsudanuma 津田沼 (Ortsname)	
沼	SHOU numa: Sumpf, Morast
氵 85 (8)	氵 沪 沼 沼

tsudanuma 津田沼 (Ortsname)	
津	SHIN tsu: Hafen, Fähre
氵 85 (9)	氵 尹 津 津

toukaidou-sen 東海道線 Tokaido-Linie, atami 熱海 (Ortsname)	
海	KAI umi: Meer
氵 85 (9)	氵 氿 洆 海 海

L 11: hokkaidou 北海道 Hokkaido; umi 海 Meer

kurihama 久里浜 (Ortsname), yokohama 横浜 (Ortsname)	
浜	HIN hama: Strand
氵 85 (10)	氵 氿 浐 浜 浜

第八課　Lektion 8

shawā wo abiru シャワーを浴びる duschen	
浴	YOKU a(biru): baden a(biseru): gießen über, überschütten
氵 85 (10)	氵　氵　氵　浴

shibuya 渋谷 (Stadtteil von Tokyo)	
渋	JUU, SHUU shibu: Saft einer unreifen Kakifrucht shibu(i): herb, mürrisch, geschmackvoll shibu(ru): zögern
氵 85 (11)	氵　氵　氵　渋　渋

kuukou 空港 Flughafen, narita-kuukou 成田空港 Flughafen Narita	
港	KOU minato: Hafen
氵 85 (12)	氵　氵　洪　港　港

muin 無印 ohne Aufdruck	
無	MU, BU: un-, nicht- na(i): nicht, nicht sein
灬 86 (12)	二　無　無　無

atami 熱海 (Ortsname)	
熱	NETSU: Fieber, Hitze atsu(i): heiß
灬 86 (15)	士　走　刲　熱　熱

L 10: netsu 熱 Fieber; L 10: atsui 熱い heiß

ryouri 料理 Essen	
理	RI: Grund, Prinzip, Vernunft, Logik kotowari: Grund
王 96 (11)	丁 王 玾 珅 理

L 15: seiriken 整理券 Nummernkarte

hassha 発車 Abfahrt	
発	HATSU HAS(suru): beginnen
癶 105 (9)	フ ヌ´ 癶 癶 癶 発

L 16: shuppatsu 出発 Abfahrt; L 17: kaihatsu 開発 Entwicklung, kaihatsu suru 開発する entwickeln

byou 秒 Sekunde	
秒	BYOU: Sekunde
禾 115 (9)	禾 利 秒 秒

kuukou 空港 Flughafen, narita-kuukou 成田空港 Flughafen Narita	
空	KUU: leer, frei sora: Himmel a(ku): frei werden a(keru): freimachen, leeren kara: leer
穴 116 (8)	宀 宂 空 空

L 17: koukuuken 航空券 Flugticket; * karate 空手 Karate

第八課　Lektion 8

kunitachi 国立 (Stadtteil von Tokyo)	
立	RITSU ta(tsu): stehen, starten ta(teru): bauen, errichten
立 117 (5)	丶 亠 立 立

L 9: kokuritsugekijou 国立劇場 Nationaltheater; L 10: rippa 立派 herrlich, schön

ryouri 料理 Essen	
料	RYOU: Material, Gebühr, Preis, Nutzen haka(ru): messen, einschätzen
米 119, 斗 68 (10)	半 米 米 料 料

bansen 番線 Gleis, sen 線 Bahnlinie	
線	SEN: Linie, Route
糸 120 (15)	糸 糹 糹 糹 線

chuuou-sen 中央線 Chuo-Linie, ginza-sen 銀座線 Ginza-Linie, toukaidou-sen 東海道線 Tokaido-Linie, yamanote-sen 山手線 Yamanote-Linie, yokosuka-sen 横須賀線 Yokosuka-Linie; L 11: shinkansen 新幹線 Shinkansen

asa 朝 Morgen, asagohan 朝ご飯 Frühstück	
朝	CHOU: der kaiserliche Hof, Dynastie asa: der Morgen
月 130 (12)	十 吉 卓 朝

L 16: maiasa 毎朝 jeden Morgen; L 24: kesa 今朝 heute Morgen

chiba 千葉 (Ortsname sowie Name einer Präfektur)	
葉	YOU: Periode, Alter ha: Blatt
⺾ 140 (12)	艹 艹 苹 菩 葉

L 13: akihabara 秋葉原 (Stadtteil von Tokyo); L 18: kotoba 言葉 Sprache, Wort

ikebukuro 池袋 (Stadtteil von Tokyo)	
袋	TAI fukuro: Tasche, Beutel
衣 145 (11)	亻 代 岱 袋 袋

kaigi 会議 Sitzung	
議	GI: Diskussion, Frage GI(suru): diskutieren
言 149 (20)	言 訁 訁 詳 議 議

shibuya 渋谷 (Stadtteil von Tokyo)	
谷	KOKU, -ya tani: Tal
谷 150 (7)	八 父 谷 谷

yokosuka 横須賀 (Ortsname)	
賀	KA, GA: Gratulation, Feier GA(suru): gratulieren, froh sein
貝 154 (12)	丆 力 加 智 賀

L 21: nengajou 年賀状 jap. Neujahrskarte

第八課　Lektion 8

toukaidou-sen 東海道線 Tokaido-Linie	
道	DOU, TOU michi: Weg, Methode
⻌ 162 (11)	丷 ⾸ 首 道

L 11: michi 道 Weg; hokkaidou 北海道 Hokkaido; L 22: michiko 道子 (Frauenname)

kurihama 久里浜 (Ortsname)	
里	RI sato: Dorf, Vaterhaus einer Braut
里 166 (7)	冂 曰 甲 里

L 18: eriko 恵里子 (Frauenname)

kamakura 鎌倉 (Ortsname)	
鎌	REN kama: Sichel, Sense; Kunstgriff, List
金 167 (18)	𠆢 金 鋰 鎌 鎌

houmen 方面 Richtung	
面	MEN: Maske, Gesicht, Oberfläche omote: Gesicht, Vorderseite, Oberfläche
面 176 (9)	一 丆 而 面

L 10: omoshiroi 面白い interessant

ofuro お風呂 japanisches Bad	
風	FU, FUU: Stil, Mode, Sitte, Verhalten kaze: Wind, Luft, Erkältung
風 182 (9)	丿 几 凡 凬 風

L 10: kaze 風邪 Erkältung

Lese- und Schreibübungen

1) Lesen Sie den Text.

田中さんの一日

　田中さんは 鎌倉に 住んでいます。朝6時半に 起きて、シャワーを 浴びて、新聞を 読みます。7時に 朝ご飯を 食べます。8時に 家を 出て、駅まで 歩きます。8時 20分に 電車に 乗ります。東京駅まで 行きます。会社は 東京駅の 側に あります。仕事は 9時半に 始まります。昼休みは 12時から 1時までです。田中さん は イタリア料理 が 好きです。仕事は 6時までです。時々 残業します。家に 帰って、テレビでニュースを 見ます。8時45分に 夕食を 食べます。ビールも 飲みます。11時に お風呂に 入って、布団で 寝ます。

質問に 答えて下さい。
・田中さんは どこに 住んでいますか。
・何時に 起きますか。
・田中さんは 何時に 昼ご飯を 食べますか。
・会社は どこに ありますか。
・田中さんは 何時から 何時まで 働きますか。
・家で 何を しますか。
・何時に お風呂に 入りますか。

2) Lesen Sie die Sätze.

1. 6時5分8秒です。
2. 9時1分3秒です。
3. 4時4分4秒です。
4. 3時6分8秒です。
5. 10時8分2秒です。
6. 5時10分10秒です。
7. 今日は何時から何時まで働きましたか。
8. 会議は九時に始まります。
9. いつまで仕事をしますか。

第八課　Lektion 8

10. 日本語の授業は午前ですか。午後ですか。
11. 普通は何時まで残業しますか。
12. 鎌倉に行きましょうか。
13. ハンブルグには港があります。
14. すみませんが、時刻表はどこにありますか。
15. この電車は久里浜行ですか。東京行ですか。
16. 国立に行きたいですが、中央線は何番線ですか。
17. 「渋谷で働きますか。」「いいえ、池袋です。」
18. 「銀座まで行きますか。」「いいえ、日本橋まで行きます。」
19. 「久里浜に住んでいますか。」「いいえ、横須賀に住んでいます。」
20. 「すみませんが、熱海に行きたいのですが。何線ですか。」「東海道線です。」「東海道線は8番線ですか。」「いいえ、8番線は横浜行です。熱海行は9番線です。」「どうもありがとうございました。」「どういたしまして。」

時刻表を見て下さい。

横須賀線鎌倉駅列車発車時刻表　　（平日）

下り（久里浜方面）	時	上り（東京・千葉方面）
3須 14 25須 36 46須 56	8	4 15 26空 37 47 57
5須16 27須38 48須 58	9	6 17 28空 39 49 59
5須 16 27須38 48須 58	10	6 17 28空 39 49 59
4須 24 44須 54	11	5 25空 35 45 55
4須 24 44須 54	12	5 25空35 45 55
3須14 25須 36 46須 56	13	4 15 26空 37 47 57

　　無印：久里浜行　　　　無印：津田沼行
　　須：横須賀行　　　　　空：成田空港行

3a) Schreiben Sie die folgenden Wörter mit Kanji.

ひるごはん、ゆうしょく、りょうり、
へいじつ、はん、ごぜん、ふん、びょう、あさ、
むいん、じこくひょう、ほうめん、れっしゃ、はっしゃ、
じゅぎょう、しごと、ざんぎょう、かいぎ、
おふろ、ふとん、いえ、あびる、
くりはま、かまくら、くにたち、よこすか、なりたくうこう、にほんばし、いけぶくろ、つだぬま、よこはま、しぶや、あたみ、ちば、
ちゅうおうせん、とうかいどうせん

3b) Wie lauten die anderen Lesungen der Kanji?

第九課 Lektion 9

正、夏、丈、年、束、劇、育、化、伎、体、先、盆、土、去、
場、冬、実、明、昭、春、曜、月、歌、水、治、皇、季、和、
秋、約、緒、息、舞、角、誕、週、金、阪、雪

oshougatsu お正月 Neujahr, taishou 大正 Taishō (Devise der Jahreszählung von 1912 bis 1926)	
正	SEI, SHOU tada(shii): richtig, angemessen, ehrlich, legal, gerecht tada(su): korrigieren, berichtigen, verbessern
一 1, 77止 (5)	丅 下 正 正

L 13: tadashii 正しい richtig

natsu 夏 Sommer	
夏	KA, GE natsu: Sommer
一 1, 夂 34 (10)	分 分 谷 盆

L 11: natsuyasumi 夏休み Sommerferien

daijoubu 大丈夫 in Ordnung, OK	
丈	JOU: (Längenmaß: ca. 3m) take: Statur, (Körper)größe
ノ 4, 一 1 (3)	一 ナ 丈

nen, toshi 年 Jahr, kotoshi 今年 dieses Jahr, rainen 来年 nächstes Jahr, kyonen 去年 letztes Jahr, gannen 元年 erstes Jahr nach der jap. Jahreszählweise

年	NEN toshi: Jahr
ノ 4, 干 51 (6)	ノ 一 仁 年

L 18: bounenkai 忘年会 Jahresabschlussfeier; L 19: mannenhitsu 万年筆 Füllfederhalter; L 21: shinnen 新年 Neujahr, das neue Jahr; nengajou 年賀状 jap. Neujahrskarte

yakusoku 約束 Verabredung, Versprechen

束	SOKU taba: Bündel taba(neru): bündeln, binden
ノ 4, 木 75 (7)	一 亍 中 束

kokuritsugekijou 国立劇場 Nationaltheater

劇	GEKI: Drama, Schauspiel
ノ 4, 刂 18 (15)	卜 广 虍 虛 劇

taiiku 体育 Sport, Gymnastik

育	IKU soda(teru): aufziehen soda(tsu): aufwachsen
亠 8, 月 130 (8)	亠 亠 亠 育

bunka 文化 Kultur

化	KA: (Suffix:) ba(keru): sich ändern, sich verwandeln ba(kasu): behexen
亻 9 (4)	ノ 亻 𠂉 化

第九課　Lektion 9

kabuki 歌舞伎 Kabuki	
伎	GI, KI: Kunst, Kunstfertigkeit
亻 9 (6)	亻　什　伎　伎

taiiku 体育 Sport, Gymnastik	
体	TAI karada: Körper
亻 9 (7)	亻　什　休　体

L 16: karada 体 Körper; L 17: taiken 体験 Erlebnis, Erfahrung

senshuu 先週 letzte Woche, sengetsu 先月 letzter Monat	
先	SEN: saki: vorher, zuvor, voraus, Ende, Ziel ma(zu): zuerst, zunächst
儿 10 (6)	一　牛　生　先

L 13: sensei 先生 Lehrer

o-bon お盆 O-Bon (buddhistisches Fest zu Ehren der Verstorbenen)	
盆	BON: Laternen-Feier, Feier zu Ehren der Verstorbenen; Tablett
八 12, 皿 108 (9)	分　分　岔　盆

doyoubi 土曜日 Sonnabend	
土	DO, TO tsuchi: Erde, Boden, Grund
土 32 (3)	一　十　土

kyonen 去年 letztes Jahr		
	去	KYO sa(ru): verlassen, weggehen, vorbei sein
土 32, ム 28 (5)	十　土　去　去	

kokuritsugekijou 国立劇場 Nationaltheater		
	場	JOU ba: Platz, Raum, Umstand
土 32 (12)	土　圹　坥　場　場	

L 15: takushī-noriba タクシー乗り場 Taxistand; L 17: baai 場合 Fall, Umstand;
L 18: chuushajou 駐車場 Parkplatz

fuyu 冬 Winter		
	冬	TOU fuyu: Winter
夂 34 (5)	ノ　ク　夂　冬	

jitsu wa 実は eigentlich, tatsächlich		
	実	JITSU: Wahrheit, Realität, Substanz mi: Frucht mino(ru): reifen, Früchte tragen
宀 40 (8)	宀　宀　宇　実	

\multicolumn{2}{l}{ashita, asu 明日 morgen, asatte 明後日 übermorgen; meiji 明治 Meiji (Devise der Jahreszählung von 1868 bis 1912);}
明	MEI, MYOU aka(rui): hell, klar aki(raka): klar, naheliegend a(keru): öffnen a(ku): aufgehen, zu Ende gehen aka(ri): Licht
日 72 (8)	冂 日 明 明

L 17: setsumei 説明 Erklärung; L 21: akiko 明子 (Frauenname); Akemashite omedetou (gozaimasu). 明けましておめでとう(ございます)。 Frohes neues Jahr!
L 24: myounichi 明日 morgen (höflich)

\multicolumn{2}{l}{shouwa 昭和 Shōwa (Devise der Jahreszählung von 1926 bis 1989)}
昭	SHOU: klar, hell
日 72 (9)	日 日っ 町 昭

\multicolumn{2}{l}{haru 春 Frühling}
春	SHUN haru: Frühling
日 72 (9)	三 声 夫 春

\multicolumn{2}{l}{getsuyoubi 月曜日 Montag, kayoubi 火曜日 Dienstag, suiyoubi 水曜日 Mittwoch, mokuyoubi 木曜日 Donnerstag, kinyoubi 金曜日 Freitag, doyoubi 土曜日 Sonnabend, nichiyoubi 日曜日 Sonntag}
曜	YOU: Wochentag, Licht
日 72 (18)	日 日ヨ 日ヨ 日ヨヨ 日ヨヨ 曜

getsu, gatsu, tsuki 月 Mond, Monat; kongetsu 今月 dieser Monat, raigetsu 来月 kommender Monat, sengetsu 先月 letzter Monat, getsuyoubi 月曜日 Montag; oshougatsu お正月 Neujahr

月	GETSU, GATSU tsuki: Mond, Monat
月 74 (4)	丿 刀 月 月

ichigatsu 1月 Januar, nigatsu 2月 Februar, sangatsu 3月 März, shigatsu 4月 April, gogatsu 5月 Mai, rokugatsu 6月 Juni, shichigatsu 7月 Juli, hachigatsu 8月 August, kugatsu 9月 September, juugatsu 10月 Oktober; juuichigatsu 11月 November, juunigatsu 12月 Dezember; L 15: maitsuki 毎月 jeden Monat

kabuki 歌舞伎 Kabuki

歌	KA uta: Lied, Gedicht uta(u): singen
欠 76 (14)	可 可 哥 歌

L18: utau 歌う singen; uta 歌 Lied

suiyoubi 水曜日 Mittwoch

水	SUI mizu: Wasser
水 85 (4)	丿 オ 水 水

L 11: kiyomizudera 清水寺 (Tempelname)

meiji 明治 Meiji (Devise der Jahreszählung von 1868 bis 1912)	
治	JI, CHI: Friede, Zeit des Friedens, Herrschaft osa(meru): regieren, osa(maru): beherrscht werden nao(su): heilen nao(ru): gesund werden
氵 85 (8)	氵 沪 治 治

tennou 天皇 Tenno (jap. Kaiser)	
皇	KOU, OU: Kaiser
白 106 (9)	冂 白 皁 皇

shiki 四季 die vier Jahreszeiten	
季	KI: Saison, Jahreszeit sue: Ende
禾 115, 子 39 (8)	二 千 禾 季

shouwa 昭和 Shōwa (Devise der Jahreszählung von 1926 bis 1989)	
和	WA: (Bezeichnung für Japan); Summe; Friede, Harmonie
禾 115, 口 30 (8)	千 禾 和 和

aki 秋 Herbst	
秋	SHUU aki: Herbst
禾 115 (9)	千 禾 秂 秋

L 13: akihabara 秋葉原 (Stadtteil von Tokyo)

yakusoku 約束 Verabredung, Versprechen	
約	YAKU: ungefähr, Verabredung, Versprechen YAKU(suru): versprechen
糸 120 (9)	幺 糸 約 約

L 11: yoyaku 予約 Reservierung, yoyaku suru 予約する reservieren

issho ni 一緒に gemeinsam	
緒	SHO, CHO: Beginn itoguchi: Fadenende, Anfang; Hinweis o: Schnur, Strick, Riemen
糸 120 (14)	糸 紵 緒 緒

musuko 息子 Sohn	
息	SOKU: Sohn iki: Atem, Hauch
自 132, 心 61 (10)	′ 冂 自 息 息

L 21: musuko-san 息子さん Sohn

kabuki 歌舞伎 Kabuki	
舞	BU ma(u): tanzen mai: Tanz
舛 136 (15)	二 無 舞 舞 舞

L 18: mimai 見舞 Krankenbesuch

第九課　Lektion 9

kado 角 (an der) Ecke	
角	KAKU: Winkel, Ecke, Viereck tsuno: Horn kado: Ecke (außen), Winkel sumi: Ecke (innen)
角 148 (7)	⺈ 产 角 角

L 14: hankaku 半角 Halbgeviertzeichen, Monobyte-Zeichen; zenkaku 全角 Geviertzeichen

tanjoubi 誕生日 Geburtstag	
誕	TAN: Geburt
言 149 (15)	言 訂 訂 訂 証 誕

L 21: tanjou-pātī 誕生パーティー Geburtstagsfeier

konshuu 今週 diese Woche, senshuu 先週 letzte Woche, raishuu 来週 nächste Woche	
週	SHUU: Woche
辶 162 (10)	冂 冃 周 週

L 11: saraishuu 再来週 übernächste Woche; L 18: maishuu 毎週 jede Woche

kinyoubi 金曜日 Freitag	
金	KIN, KON: Gold, Metall, Geld kane: Geld kan-: Metall
金 167 (8)	人 今 仐 金 金

L 11: kinkakuji 金閣寺 (Name eines Tempels in Kyoto); L 15: okane お金 Geld; L 19: kanemochi 金持ち reicher Mann; L 20: kingaku 金額 Summe, Betrag

第九課 Lektion 9

oosaka 大阪 Osaka (Ortsbezeichnung)	
阪	HAN saka: Hügel, Anhöhe, Abhang HAN-: Kurzbezeichnung für Osaka
β 170 (6)	了 阝 阝¯ 阝⁻ 阞 阪

yukiko 雪子 (Frauenname)	
雪	SETSU yuki: Schnee
雨 173 (11)	一 于 雪 雪 雪

L 11: yuki 雪 Schnee; L 12: yukiguni 雪国 Schneeland

Die Kalendertage:

der 1.	der 2.	der 3.	der 4.	der 5.	der 6.
tsuitachi	futsuka	mikka	yokka	itsuka	muika
1日・一日	2日・二日	3日・三日	4日・四日	5日・五日	6日・六日

der 7.	der 8.	der 9.	der 10.	der 11.
nanoka	youka	kokonoka	touka	juu-ichi-nichi
7日・七日	8日・八日	9日・九日	10日・十日	11日・一一日 十一日

der 12.	der 13.	der 14.	der 15.	der 16.
juu-ni-nichi	juu-san-nichi	juu-yokka	juu-go-nichi	juu-roku-nichi
12日・一二日 十二日	13日・一三日 十三日	14日・一四日 十四日	15日・一五日 十五日	16日・一六日 十六日

der 17.	der 18.	der 19.	der 20.	der 21.
juu-shichi-nichi	juu-hachi-nichi	juu-ku-nichi	hatsuka	ni-juu-ichi-nichi
17日・一七日 十七日	18日・一八日 十八日	19日・一九日 十九日	20日・二〇日 二十日	21日・二一日 二十一日

der 22.	der 23.	der 24.	der 25.	der 26.
ni-juu-ni-nichi	ni-juu-san-nichi	ni-juu-yokka	ni-juu-go-nichi	ni-juu-roku-nichi
22日・二二日 二十二日	23日・二三日 二十三日	24日・二四日 二十四日	25日・二五日 二十五日	26日・二六日 二十六日

der 27.	der 28.	der 29.	der 30	der 31.
ni-juu-shichi-nichi	ni-juu-hachi-nichi	ni-juu-ku-nichi	san-juu-nichi	san-juu-ichi-nichi
27日・二七日 二十七日	28日・二八日 二十八日	29日・二九日 二十九日	30日・三〇日 三十日	31日・三一日 三十一日

Lese- und Schreibübungen

1) Lesen Sie den Dialog.

約束

電話で

雪子「もしもし、山口 です。」

みどり「ああ、雪子さん。みどり です。お元気ですか。」

雪子「元気です。」

みどり「明後日 時間が ありますか。」

雪子「明後日 ですか。ちょっと 待って下さい。明後日 は 何曜日
　　　ですか。」

みどり「土曜日です。」

雪子「すみませんが、実は 土曜日は もう 約束が あります。」

みどり「じゃ、来週の 土曜日は どう ですか。」

雪子「何日ですか。」

みどり「3月20日 です。」

雪子「はい、大丈夫です。でも、どしてですか。」

みどり「一緒に 歌舞伎に 行きましょうか。」

雪子「いい ですね。何時に どこで 会いましょうか。歌舞伎座ですか。
　　　それとも 国立劇場 ですか。」

みどり「歌舞伎座です。2時半に 入口の前で 会いましょうか。
　　　　3時に 始まります。」
雪子「はい、そう しましょう。」

質問に 答えて下さい。
・雪子さん と みどりさん は どこ に 行きますか。
・何日に 歌舞伎を 見ますか。何曜日 ですか。
・どこで 何時に 会いますか。
・歌舞伎は 何時に 始まりますか。

2) Lesen Sie die Sätze.
1. 今日は 何日ですか。
2. 今日は 2003年8月6日 です。
3. お誕生日は何日ですか。
4. 水曜日歌舞伎を見ましょうか。
5. 金曜日は三日ですか。四日ですか。
6. 息子は秋大阪に行きます。
7. 日本人はお正月何をしますか。
8. 「子供の日」は5月5日です。
9. 「海の日」は7月23日です。
10. 「お盆」は何をしますか。
11. 今日は「体育の日」です。
12. 「文化の日」は11月3日です。
13. 「天皇誕生日」は12月23日です。
14. 先週の月曜日は何をしましたか。
15. 去年の夏海に行きました。今年の夏も海に行きます。
16. 平成元年は1989年でした。
17. 2002年は平成何年でしたか。
18. 昭和元年は1926年でした。
19. 明治2年は1869年でした。
20. 大正10年は1921年でした。
21. 明日何をしますか。
22. あの角にだれがいますか。

23.「12月24日は火曜日ですか」。「いいえ、日曜日です。」

3a) Schreiben Sie die folgenden Wörter mit Kanji.

げつようび、かようび、すいようび、もくようび、きんようび、どようび、にちようび、

はる、なつ、あき、ふゆ、しき、

おしょうがつ、おぼん、たいいくのひ、ぶんか、

ことし、ねん、せんしゅう、きょねん、あした、

めいじ、たいしょう、しょうわ、へいせい、てんのう、

だいじょうぶ、やくそく、こくりつげきじょう、かぶき、じつは、いっしょに、むすこ、かど、たんじょうび、ゆきこ

3b) Wie lauten die anderen Lesungen der Kanji?

第十課 Lektion 10

画、悪、危、合、全、低、念、冷、弱、古、圧、回、嫌、安、
寒、小、広、引、心、患、指、旅、早、映、晴、暇、楽、毛、
派、邪、狭、甘、町、痛、白、目、具、眠、移、符、素、耳、
有、脈、腹、色、若、苦、薬、血、診、頭、赤、足、射、辛、
速、遠、都、配、酸、錠、長、難、青、静、顔、首、高、髪、
黒、鼻、剤

eiga 映画 Film	
画	GA: Bild KAKU: Pinselstrich, Strich eines Schriftzeichens KAKU(suru): begrenzen, planen ega(ku): malen
一 1, 冂 13 (8)	丆 帀 両 画 画

warui 悪い schlecht	
悪	AKU, O: teuflisch, schlecht waru(i): schlecht niku(mu): hassen
一 1, 心 61 (11)	亘 亜 亜 悪 悪

abunai 危ない gefährlich	
危	KI abu(nai): gefährlich
ノ 4, 卩 26 (6)	ク 么 产 产 危

L 16: kiken 危険 Gefahr

具合 Befinden	
合	GOU au: zustimmen, treffen, (als 2. Bestandteil) gegenseitig a(waseru/wasu): anpassen, verbinden
人 9, 口 30 (6)	ノ 人 合 合

L 17: baai 場合 Fall, Umstand; L 21: roudoukumiai 労働組合 Arbeitergewerkschaft; L 22: tsugou 都合 Gelegenheit, Zeit haben

anzen 安全 sicher	
全	ZEN matta(ku): ganz, wirklich, vollständig
人 9 (6)	人 合 全 全

L 14: zenkaku 全角 Geviertzeichen; L 15: zenbu 全部 alles; L 17: zenzen 全然 gar nicht

hikui 低い niedrig	
低	TEI hiku(i): niedrig hiku(meru): niedrig machen hiku(maru): niedrig werden
イ 9 (7)	イ 仁 仟 低 低

zannen 残念 schade, bedauerlich	
念	NEN: Gedanke, Idee, Wunsch; Aufmerksamkeit, Vorsicht NEN(jiru): denken, wünschen omo(u): denken, wünschen
人 9, 心 61 (8)	人 今 念 念

第十課 Lektion 10

tsumetai 冷たい kühl	
冷	REI tsume(tai): kalt, kühl hi(eru): kalt werden hi(yasu): kühlen
冫 15 (7)	冫 冫 冷 冷

yowai 弱い schwach	
弱	JAKU yowa(i): schwach yowa(ru): schwach werden, in Schwierigkeiten sein yowa(meru): (ab)schwächen
冫 15, 弓 57 (10)	弓 弓 弱 弱

furui 古い alt	
古	KO furu(i): alt
十 24, 口 30 (5)	一 十 古 古

ketsuatsu 血圧 Blutdruck	
圧	ATSU: Druck AS(suru): drücken,
厂 27, 土 32 (5)	一 厂 圧 圧

kai 回 ... Mal	
回	KAI: ZEW für Häufigkeit, Male mawa(su/ru): kreisen, drehen
囗 31 (6)	冂 冋 回 回

L 14: nikai 二回 zweimal; L 15: ikkai 一回 einmal; kaisuuken 回数券 Mehrfahrtenkarte; L 18: kai 回 ZEW für Häufigkeit, Male; 23: komaru 困る in Schwierigkeiten geraten, in

第十課　Lektion 10

Verlegenheit sein

kirai 嫌い nicht mögen	
嫌	KEN kira(u): nicht mögen, verabscheuen, hassen kira(i): verabscheuenswert
女 38 (13)	女　妒　婎　嫌　嫌

yasui 安い billig; anzen 安全 sicher	
安	AN: Friede, Ruhe yasu(i): billig, einfach
宀 40 (6)	宀　灾　安　安

L 11: ryouanji 竜安寺 (Tempelname); L 17: fuantei 不安定 unsicher, instabil

samui 寒い kalt	
寒	KAN: kälteste Jahreszeit, Kälte samu(i): kalt
宀 40 (12)	宀　宇　宯　寒　寒

chiisai 小さい klein, chiisa na 小さな klein	
小	SHOU, ko-, o- chii(sai), chii(sa na): klein, jung
小 42 (3)	亅　小　小

L 12: shousetsu 小説 Roman; L 15: komachidoori 小町通り (Straße in Kamakura); komono 小物 kleine Sachen, Kleinigkeit

hiroi 広い weiträumig	
広	KOU hiro(i): weiträumig, breit hiro(garu): sich ausdehnen hiro(meru): verbreiten hiro(maru): sich ver-/ausbreiten, bekannt werden
广 53 (5)	亠 广 広 広

L 13: hiroshima 広島 (Ortsname)

kaze wo hiku 風邪を引く sich erkälten	
引	IN hi(ku): ziehen
弓 57 (4)	了 弖 弓 引

L 22: waribiki 割引 Ermäßigung

shinpai 心配 Sorge, shinpai suru 心配する sich Sorgen machen	
心	SHIN kokoro: Herz, Seele, Geist, Gemüt
心 61 (4)	丿 心 心 心

kanja 患者 Patient	
患	KAN wazura(u): krank sein, leiden
心 61 (11)	口 吕 串 患 患

第十課　Lektion 10

yubi 指 Finger	
指	SHI yubi: Finger sa(su): zeigen auf, hinweisen auf, aufrufen
扌 64 (9)	扌　扩　挃　指

L 16: shiteiken 指定券 Platzkarte

ryokou 旅行 Reise	
旅	RYO tabi: Reise
方 70 (10)	方　扩　旂　旅

L 22: ryokougaisha 旅行会社 Reisebüro

hayai 早い früh	
早	SOU, SA haya(i): früh, schnell haya(maru): voreilig sein, übereilen haya(meru): beschleunigen
日 72 (6)	冂　日　旦　早

L 21: sousou 早々 Grußfloskel am Ende eines Briefes

eiga 映画 Film	
映	EI utsu(su): spiegeln, projizieren utsu(ru): sich spiegeln, sich abzeichnen ha(eru): glänzen, scheinen
日 72 (9)	日　旪　映　映

subarashii 素晴らしい herrlich

晴	SEI ha(reru): sich aufklären (Wetter / Verdacht)
日 72 (12)	日 旷 晴 晴

hima 暇 Freizeit

暇	KA hima: freie Zeit, Muße, Urlaub
日 72 (13)	日 旷 昍 昄 暇

tanoshii 楽しい spaßig, amüsant

楽	GAKU: Musik RAKU: Bequemlichkeit, Erleichterung, Vergnügen tano(shii): spaßig, amüsant tano(shimu): Spaß haben, sich amüsieren tano(shimi): Vergnügen
木 75 (13)	白 冶 泲 楽

L 19: ongaku 音楽 Musik

kaminoke 髪の毛 Haar

毛	MOU ke: Haar, Feder, Wolle, Fell
毛 82 (4)	一 二 三 毛

rippa 立派 herrlich, schön

派	HA: Partei, Sekte, Gruppe, Sektion HA(suru): senden
氵 85 (9)	氵 汇 汢 派

第十課 Lektion 10

kaze 風邪 Erkältung	
邪	SA, JA: Ungerechtigkeit, Bosheit yokoshima: falsch, ungerecht, böse, schlecht
牙 92, 阝 163 (7)	一 牙 牙 邪 邪

semai 狭い eng	
狭	KYOU sema(i): eng, schmal, klein, begrenzt seba(meru): enger machen seba(maru): enger werden
犭 94 (9)	犭 犭 狆 狭 狭

amai 甘い süß	
甘	KAN ama(i): süß
甘 99 (5)	一 十 甘 甘

machi 町 Stadt	
町	CHOU machi: Stadt, Stadtteil
田 102 (7)	川 田 町 町

L 15: komachidoori 小町通り (Straßenname)

itai 痛い schmerzhaft, ... tut weh	
痛	TSUU ita(i): schmerzhaft, ... tut weh ita(mu): Schmerzen haben ita(mi): Schmerz
疒 104 (12)	广 疒 疗 痛

shiroi 白い weiß, omoshiroi 面白い interessant	
白	HAKU, BYAKU shiro: Weiß, Unschuld shiro(i): weiß
白 106 (5)	′ ⸒ 冂 白

me 目 Auge	
目	MOKU me: Auge
目 109 (5)	｜ 冂 月 目

L 24: o-me ni kakaru お目にかかる jmd. treffen (bescheiden)

guai 具合 Befinden	
具	GU: Werkzeug
目 109, 八 12 (8)	冂 月 且 具

L 21: keigu 敬具 Grußfloskel am Ende eines Briefes

nemuru 眠る schlafen	
眠	MIN nemu(i): müde nemu(ru): schlafen
目 109 (10)	目 盯 盰 眠 眠

L 19: nemui 眠い müde

第十課　Lektion 10

utsuru 移る übertragen, umziehen	
移	I utsu(ru): übertragen, umziehen, wechseln, sich anstecken utsu(su): etw. umstellen, versetzen, jmd. anstecken
禾 115 (11)	千　禾　秒　秽　移

kippu 切符 Karte, Fahrkarte	
符	FU: Zeichen, Markierung
竹 118 (11)	⺈　⺮　𥫗　符　符

subarashii 素晴らしい herrlich	
素	SO: Element, Ursprung SU: nackt, unbedeckt, schlicht moto: Beginn, Ursprung
糸 120 (10)	一　圭　𡗗　素

L 24: suteki 素敵 hübsch

mimi 耳 Ohr	
耳	JI mimi: Ohr
耳 128 (6)	一　下　王　耳

L 20: mimi ga tooi 耳が遠い schwerhörig

yuumei 有名 berühmt	
有	YUU, U a(ru): sein, da sein, haben
月 130 (6)	ノ　ナ　有　有

myaku 脈 Puls	
脈	MYAKU: Puls, Vene, Ader, Hoffnung
月 130 (10)	月 肝 脈 脈

onaka お腹 Bauch	
腹	FUKU, (o)naka hara: Bauch, Inneres
月 130 (13)	月 肝 胪 腹 腹

L 13: onaka ga ippai desu お腹がいっぱいです satt sein; L 15: onaka ga suita お腹がすいた Hunger haben

iro 色 Farbe, kaoiro 顔色 Gesichtsfarbe; chairoi 茶色い braun; iroiro 色々 verschieden	
色	SHOKU, SHIKI iro: Farbe, Aussehen, Liebe, sinnliche Lust
色 139 (6)	ク 夕 名 色

L 17: keshiki 景色 Aussicht, Landschaft

wakai 若い jung	
若	JAKU waka(i): jung mo(shiku wa): oder
艹 140 (8)	艹 艹 艻 若

L 15: wakamiyaooji 若宮大路 (Straße in Kamakura)

第十課　Lektion 10

nigai 苦い bitter	
苦	KU: Schmerz, Leid, Schwierigkeiten kuru(shii): schmerzhaft kuru(shimu): leiden niga(i): bitter
⺾ 140 (8)	艹 艼 芐 苦

kusuri 薬 Medizin	
薬	YAKU kusuri: Arznei
⺾ 140 (16)	艹 苷 茸 薬 薬

ketsuatsu 血圧 Blutdruck	
血	KETSU chi: Blut
血 143 (6)	丿 冂 血 血

shinsatsu 診察 Untersuchung	
診	SHIN mi(ru): untersuchen
言 149 (12)	言 訁 診 診

atama 頭 Kopf	
頭	TOU, ZU atama: Kopf
豆 151, 頁 181 (16)	口 豆 頭 頭

L 18: tou 頭 ZEW für große Tiere

akai 赤い rot	
赤	SEKI, SHAKU aka(i), aka-: rot
赤 155 (7)	十 土 方 赤

L 20: akachan 赤ちゃん Baby

ashi 足 Bein, Fuß	
足	SOKU: ZEW für Fußbekleidung ashi: Fuß, Bein ta(riru): ausreichend sein, genug sein ta(su): hinzufügen, addieren, machen ta(shi): Hilfe, Zusatz
足 157 (7)	口 口 足 足

L 18: tariru 足りる genug sein; soku 足 ZEW für Fußbekleidung; L 24: ensoku 遠足 Ausflug

chuusha 注射 Injektion	
射	SHA i(ru): schießen
身 158, 寸 41 (10)	丆 身 身 射 射

karai 辛い scharf	
辛	SHIN kara(i): scharf
辛 160 (7)	亠 立 立 辛

第十課　Lektion 10

hayai 速い schnell		
速	SOKU, sumi(yaka) haya(i): schnell haya(sa): Geschwindigkeit	
⻌ 162 (9)	一　戸　束　束　速	

tooi 遠い weit		
遠	EN, ON too(i): weit, entfernt	
⻌ 162 (12)	士　吉　竟　袁　遠	

L 13: enryo suru 遠慮 zurückhaltend sein; L 20: mimi ga tooi 耳が遠い schwerhörig;
L 24: ensoku 遠足 Ausflug

kyouto 京都 Kyoto		
都	TO, TSU miyako: Hauptstadt, Metropole	
阝 163 (10)	土　耂　者　都	

L 12: shuto 首都 Hauptstadt; L 22: tsugou 都合 Gelegenheit, Zeit haben

shinpai 心配 Sorge, shinpai suru 心配する sich Sorgen machen		
配	HAI kuba(ru): verteilen	
酉 164 (10)	冂　酉　酉　配	

suppai 酸っぱい sauer		
酸	SAN: Säure, Bitterkeit su(i), su(ppai): sauer	
酉 164 (14)	冂　酉　酉　酸	

jouzai 錠剤 Tablette, jou 錠 ZEW für Tabletten	
錠	JOU: Tablette, ZEW für Tabletten; Schloss, Vorhängeschloss
金 167 (16)	𠂉 金 鈩 鋌 錠

nagai 長い lang	
長	CHOU: Chef, Leiter, ein Älterer naga(i): lang naga(sa): Länge
長 168 (8)	丨 冂 巨 巨 長

L 17: buchou 部長 Abteilungsleiter; L 19: kachou 課長 Unterabteilungsleiter; L 24: kakarichou 係長 Sachgebietsleiter; torishimariyakubuchou 取締役部長 Abteilungsleiter (Vorstandsmitglied); torishimariyakushachou 取締役社長 Präsident (Vorsitzender des Vorstands); shachou 社長 Firmenpräsident

muzukashii 難しい schwierig	
難	NAN muzuka(shii): schwierig
隹 172 (18)	艹 苫 莫 難 難

L 17: sainan 災難 Pech, Unglück

aoi 青い blau, blaugrün	
青	SEI ao(i), ao-: blau, blaugrün, grün, unreif
青 174 (8)	十 圭 青 青

第十課　Lektion 10

shizuka 静か leise		
静	SEI, JOU shizu(ka): still, leise, friedlich shizu(maru): ruhig werden, sich beruhigen shizu(meru): beruhigen	
青 174 (14)	十　青　靑　静　静	

kao 顔 Gesicht, kaoiro 顔色 Gesichtsfarbe	
顔	GAN kao: Gesicht
頁 181 (18)	亠　产　彦　顔　顔

kubi 首 Hals, Nacken, Kopf	
首	SHU kubi: Hals, Nacken, Kopf
首 185 (9)	䒑　䒑　首　首

L12: shuto 首都 Hauptstadt

takai 高い hoch, teuer	
高	KOU taka(i): hoch, teuer taka(meru): erhöhen, verteuern taka(maru): steigen, zunehmen
高 189 (10)	亠　言　髙　高

kaminoke 髪の毛 Haar	
髪	HATSU kami: Haar
髟 190 (14)	丨　镸　髟　髣　髪

kuroi 黒い schwarz	
黒	KOKU kuro: Schwarz kuro(i): schwarz
黒 203 (11)	甲 里 黒

hana 鼻 Nase	
鼻	BI hana: Nase
鼻 209 (14)	白 自 帛 畠 島 鼻

jouzai 錠剤 Tablette	
剤	ZAI: Medizin, Arznei
薺 210, 刂 18 (10)	文 产 产 斉 剤

Lese- und Schreibübungen

1) Lesen Sie den Dialog.

病院で
医者「どう しましたか。」
患者「頭が 熱いです。熱が ある と思います。」
医者「いつ から 具合が 悪いですか。」
患者「日曜日から です。」
医者「どこ が 痛い ですか。」
患者「のど です。」
医者「よく 眠れますか。」
患者「いいえ、あまり眠れません。」
医者「顔色が あまり よくない ですね。のどが 赤く はれています。
　　　脈が 弱いです。血圧は 高くないです。低いです。では、診察し
　　　ましょう。...　　　風邪を 引きました ね。」

患者「この病気は人に移りますか。」
医者「いいえ、心配しないで下さい。では、注射をしましょう。」
患者「注射は嫌いです。」
医者「１日２回食後この青い錠剤を１錠飲んで下さい。それから１日
　　　３回食前この白い錠剤を２錠飲んで下さい。」
患者「どうもありがとうございます。」
医者「おだいじに。」

質問に答えて下さい。
・患者はお腹が痛いですか。
・血圧が高いですか。
・どこが痛いですか。
・脈はどうですか。
・どんな病気ですか。
・その病気は人に移りますか。
・医者は何をしますか。
・患者は注射が好きですか。
・患者は薬を飲みますか。

2) Lesen Sie die Sätze.
1. 昨日面白い映画を見ました。
2. 旅行はどこに行きますか。もう切符を買いましたか。
3. その薬は苦いです。
4. この辺りは静かではありません。
5. 日本語は難しいです。
6. あの外国人は鼻が長いです。
7. 雪子さんは髪の毛が黒いです。
8. 去年の旅行は楽しかったです。
9. 今年また一緒にフランスに行きましょうか。
10. いつ暇ですか。
11. ここに名前[*]をきれいに書いて下さい。
12. 田中さんは風邪を引きました。

---

[*]namae 名前 = Name

13. 残念ですね。
14. この辺りは安全ですか。危ないですか。
15. その雑誌は新しいですか。古いですか。
16. 外は寒いですか。
17. 息子の部屋は広くないです。狭いです。
18. 田中さんの犬は小さいです。
19. 川田さんの指は長いですね。彼はピアノが上手ですか。
20. 早く来て下さい。佐藤さんの足が痛いです。
21. 京都は素晴らしい町です。
22. 木村さんは甘いものが嫌いです。
23. 駅は遠いです。
24. あのオレンジ・ジュースはとても酸っぱかったです。
25. 冷たいコーヒーが好きですか。
26. 山口さんは立派な人です。
27. 田中さんは目と耳が悪いです。
28. あの医者さんは有名です。
29. 山口さんは若いですね。
30. 「味噌汁は辛いですか。」
    「いいえ、辛くないです。食べて下さい。」
31. 姉の具合はよくないです。速く病院に来て下さい。
32. 首ははれています。医者さんに行って下さい。

3a) Schreiben Sie die folgenden Wörter mit Kanji.
わるい、あぶない、ひくい、つめたい、よわい、ふるい、やすい、さむい、ちいさい、ひろい、はやい (2x)、すばらしい、たのしい、せまい、あまい、いたい、しろい、わかい、にがい、あかい、からい、とおい、すっぱい、ながい、むずかしい、おおい、たかい、くろい、

あんぜん、ざんねん、きらい、ひま、りっぱ、ゆうめい、いろいろ、しずか、

ぐあい、けつあつ、かぜをひく、かんじゃ、くすり、しんさつ、ちゅうしゃ、じょうざい、しんぱい、

第十課　Lektion 10

ゆび、かみのけ、め、みみ、みゃく、おなか、あたま、あし、かお、くび、はな、ねむる、うつる、

えいが、かい、りょこう、まち、きっぷ、いろ、きょうと

3b) Wie lauten die anderen Lesungen der Kanji?

第十一課 Lektion 11

再、予、作、興、北、幹、友、寺、士、富、忙、恐、暑、梅、
機、母、毎、清、神、箸、蒸、達、閣、雨、飛、魚、竜

saraishuu 再来週 übernächste Woche	
再	SAI, SA futata(bi): erneut, wieder
一 1, 冂 13 (6)	一 冂 冋 再

L 17: futatabi 再び erneut; saikidou (suru) 再起動(する) auf Reset drücken

yoyaku 予約 Reservierung, yoyaku suru 予約する reservieren	
予	YO: im Voraus, vorher
亅 6 (4)	㇀ マ 予 予

tsukuru 作る herstellen, machen	
作	SAKU, SA tsuku(ru): machen, anfertigen, herstellen
亻 9 (7)	亻 仁 作 作

L 12: sakka 作家 Schriftsteller

kyoumi 興味 Interesse, ...ni kyoumi ga aru ...に興味がある Interesse haben an ...	
興	KOU, KYOU: Interesse, Unterhaltung, Vergnügen, Belebung oko(ru): beginnen, entstehen, in die Höhe kommen oko(su): erneuern, aufrichten, errichten, veranlassen
八 12, 臼 134 (16)	𠂊 𦥑 𦥫 興 興

第十一課 Lektion 11

hokkaidou 北海道 Hokkaido (Name der Insel und der Präfektur)	
北	HOKU kita: Norden
ヒ 21 (5)	一 ナ 才 扎 北

shinkansen 新幹線 Shinkansen	
幹	KAN: Hauptteil miki: Baumstamm
十 24, 干 51 (13)	十 古 卓 軡 軡 幹

tomodachi 友達 Freund	
友	YUU tomo: Freund, Begleiter
又 29 (4)	一 ナ 方 友

tera 寺 buddhistischer Tempel, otera お寺 höflicher als *tera*, kiyomizudera 清水寺 (Tempelname), kinkakuji 金閣寺 (Tempelname), ryouanji 竜安寺 (Tempelname)	
寺	JI tera: buddhistischer Tempel
土 32, 寸 41 (6)	十 土 寺 寺

fujisan 富士山 der Berg Fuji	
士	SHI: Samurai, Gefolgsmann, Mann, Gelehrter samurai: Krieger
士 33 (3)	一 十 士

fujisan 富士山 der Berg Fuji

富	**FU** tomi: Reichtum to(mu): reich sein, reich werden
宀 40 (12)	宀 宫 宫 富 富

isogashii 忙しい beschäftigt

忙	**BOU** isoga(shii): beschäftigt
忄 61 (6)	㇑ 忄 忙 忙 忙

kowai 恐い angsterregend, zum Fürchten

恐	**KYOU** oso(reru): sich fürchten osoro(shii): furchtbar kowa(i): angsterregend, zum Fürchten
心 61 (10)	エ 巩 巩 恐 恐

atsui 暑い heiß (Wetter), mushiatsui 蒸し暑い heiß und schwül

暑	**SHO** atsu(i): heiß (Wetter)
日 72 (12)	日 昆 㫒 暑

tsuyu 梅雨 Regenzeit

梅	**BAI** ume: Pflaume, Pflaumenbaum
木 75 (10)	木 朾 栂 梅

第十一課　Lektion 11

hikouki 飛行機 Flugzeug	
機	KI: Maschine, Flugzeug; Chance, Möglichkeit hata: Webstuhl
木 75 (16)	木　杉　槳　樂　機　機

L 13: kopīki コピー機 Kopiergerät; L 15: jidoukaisatsuki 自動改札機 automatischer Fahrkartenentwerter; L 20: jidouhanbaiki 自動販売機 (Verkaufs-) Automat

haha 母 (meine) Mutter	
母	BO haha: Mutter (o)kaa(san): Mutter (respektvoll)
母 80 (5)	乚　口　毋　母

L 18: obaasan 祖母さん Großmutter, alte Dame; L 21: oba 伯母 Tante (ältere Schwester der Mutter oder des Vaters); oba 叔母 Tante (jüngere Schwester der Mutter oder des Vaters); obasan 叔母さん höflicher als *oba*; sobo 祖母 (eigene) Großmutter; okaasan お母さん Mutter (respektvoll)

mainichi 毎日 jeden Tag	
毎	MAI (als Präfix) goto (als Suffix): jede/r/s
母 80 (6)	𠂉　仁　与　毎　毎

L 15: maitsuki 毎月 jeden Monat; L 16: maiasa 毎朝 jeden Morgen; L 18: maishuu 毎週 jede Woche

kiyomizudera 清水寺 (Tempelname)	
清	SEI, SHIN kiyo(i): klar, rein kiyo(meru): reinigen
氵 85 (11)	氵　汁　浐　清　清

jinja 神社 Shinto-Schrein	
神	SHIN, JIN kami: Gottheit
礻 113 (9)	⁄ 礻 祀 神

hashi 箸 Ess-Stäbchen, ohashi お箸 höflicher als *hashi*	
箸	DO, CHO, JAKU, CHAKU hashi: Ess-Stäbchen
竹 118 (14)	⺹ ⺮ 笙 笒 箸

mushiatsui 蒸し暑い heiß und schwül	
蒸	JOU mu(su): mit Dampf erhitzen, dünsten, schwül sein mu(rasu): mit Dampf garen
⺿ 140 (13)	艹 艿 芛 莁 蒸

tomodachi 友達 Freund	
達	TATSU TAS(suru): erreichen, versiert sein, genau verstehen, ankündigen TAS(shi): Benachrichtigung, Anweisung -tachi: (zur Pluralbildung)
辶 162 (11)	士 查 幸 達

L 22: watashitachi 私達 wir

kinkakuji 金閣寺 (Tempelname)	
閣	KAKU: Turm; hohes, prächtiges Gebäude; Palast
門 169 (14)	丨 冂 門 閈 閣

第十一課 Lektion 11

ame 雨 Regen, tsuyu 梅雨 Regenzeit	
雨	U ame, ama-: Regen
雨 173 (8)	一 ｢ 币 雨 雨

hikouki 飛行機 Flugzeug	
飛	HI to(bu): fliegen. springen
飛 183 (9)	㇟ 飞 飞 飛 飛 飛

sakana 魚 Fisch	
魚	GYO uo, sakana: Fisch
魚 195 (11)	勹 夕 甪 鱼 魚

ryouanji 竜安寺 (Tempelname)	
竜	RYOU: kaiserlich, bedeutend tatsu: Drachen
竜 212 (10)	亠 立 音 音 竜

Lese- und Schreibübungen
1) Lesen Sie den Dialog.
旅行をしましょう
シューベルトさん「一緒に 旅行を しましょうか。」
山口さん「ええ、いいですね。どこに 行きましょうか。」
木村さん「金閣寺と 竜安寺と 清水寺と 二条城 などが 見たい から京都
　　　　に 行きましょう。」
山口さん「京都は 蒸し暑いから 北海道は どう ですか。おいしい 魚を
　　　　たくさん 食べましょう。シューベルトさんは 北海道をよく
　　　　知っていますか。」
シューベルトさん「いいえ、まだ 行っていませんが、神社と お寺に 興
　　　　味が ある から 私も 京都に 行きたいです。」
木村さん「今は そんなに 暑くない から 大丈夫 ですよ。それで、飛行
　　　　機で 行きますか。」
シューベルトさん「いいえ、飛行機は 恐い から 車は どう ですか。」
山口さん「道がこんでいますから 電車で 行きましょう。」
木村さん「新幹線はいい ですよ。新幹線から 富士山が 見える から です。
　　　　いつ 行きましょうか。」
シューベルトさん「来週まで 働きます から 再来週は どうですか。」
木村さん「私はいい ですよ。」
山口さん「私も いいです。では、夏休み ですから 早く ホテルを 予約
　　　　しましょう。」

質問に答えて下さい。
・だれが 旅行しますか。
・どこに 行きますか。
・山口さんは なぜ 京都に 行きたくないのですか。
・木村さんは 何が 見たいですか。
・飛行機で 行きますか。
・なぜ車で 行きませんか。

第十一課　Lektion 11

2) Lesen Sie die Sätze.
1. 田中さんをよく知っていますか。
2. 雨が降っているからタクシーで行きましょう。
3. 日本人はご飯をお箸で食べます。
4. 母は忙しいから私はご飯を作ります。
5. 友達が来るからお寿司を作ります。
6. 父は毎日庭で働いています。
7. 姉は熱があるから今日大学を休みます。
8. 日本では梅雨はいつ始まりますか。

3a) Schreiben Sie die folgenden Wörter mit Kanji.
しんかんせん、ひこうき、
さらいしゅう、よやく、つくる、きょうみ、ともだち、いそがしい、
こわい、あつい、つゆ、はは、まいにち、はし、むしあつい、あめ、
さかな、
ふじさん、ほっかいどう、
じんじゃ、てら、きんかくじ、きよみずでら、りょうあんじ

3b) Wie lauten die anderen Lesungen der Kanji?

第十二課 Lektion 12

州、島、才、亡、市、代、伊、賞、森、殺、受、留、的、籍、置、美、翻、訳、説、豆、踊、逗、悲

honshuu 本州 Honshu (Inselname), kyuushuu 九州 Kyushu (Inselname)	
州	SHUU: Provinz, Land SU: Sandbank shima: Insel
㇉ 2, 川 47 (6)	ノ　リ　州　州

shima 島 Insel, shimaguni 島国 Inselreich	
島	TOU shima: Insel
ノ 4, 山 46 (10)	户　阜　鳥　島

L 13: hiroshima 広島 (Ortsname)

sai 才 Zählwort für Lebensalter	
才	SAI: Zählwort für Lebensalter; Talent, Können
㇉ 6, 扌 64 (3)	一　十　才

L 18: hatachi 20才 20 Jahre alt

nakusu 亡くす durch den Tod verlieren	
亡	BOU, MOU na(kusu): durch den Tod verlieren na(ku naru): sterben
亠 8 (3)	亠　亡

第十二課 Lektion 12

zushi-shi 逗子市 die Stadt		
市	SHI: Stadt ichi: Markt	
亠 8, 巾 50 (5)	亠 广 市 市	

daihyouteki 代表的 repräsentativ, typisch		
代	DAI: Preis, Kosten, Ersatz, Stellvertreter ka(wari): Ersatz, ka(waru): vertreten, ersetzen, ablösen ka(eru): aus-/umtauschen, wechseln, ersetzen yo: Generation, Zeiten	
亻 9 (5)	亻 仁 代 代	

izu 伊豆 (Ortsname)		
伊	I: (phonetisch gebrauchtes Kanji; Kurzbezeichnung für Italien) ko(re), ko(no): diese/r/s	
亻 9 (6)	亻 伊 伊 伊	

jushou suru 受賞する einen Preis erhalten, nōberu bungakushou ノーベル文学賞 Nobelpreis für Literatur		
賞	SHOU: Preis, Auszeichnung SHOU(suru): bewundern ho(meru): loben	
⺌ 42, 貝 154 (15)	⺌ 尚 當 賞 賞	

mori ougai 森鴎外 (Schriftsteller)		
森	SHIN mori: Wald	
木 75 (12)	十 木 林 森	

jisatsu 自殺 Selbstmord, jisatsu wo togeru 自殺をとげる Selbstmord begehen	
殺	SATSU koro(su): töten
殳 79 (10)	ㄨ 糸 殺 殺

ukeru 受ける erhalten, jushou suru 受賞する einen Preis erhalten	
受	JU u(keru): erhalten
爪 87, 又 29 (8)	一 爫 爫 受

L 20: juryoushou 受領証 Empfangsbestätigung, Quittung

ryuugaku suru 留学する im Ausland studieren	
留	RYUU, RU to(maru): sich aufhalten, aufhören to(meru): anhalten, aufgeben
田 102 (10)	丘 臼 𠚚 留

daihyouteki 代表的 repräsentativ, typisch	
的	TEKI: typisch, so wie 　　(Suffix, um aus Substantiven Adjektive zu bilden) mato: Zielscheibe, Ziel, Zweck
白 106 (8)	丿 白 的 的

L 17: kojinteki 個人的 persönlich

seki wo oku 籍を置く sich registrieren lassen, sich einschreiben	
籍	SEKI: Register, Verzeichnis, Mitgliedschaft
竹 118 (20)	⺮ 筆 筆 籍 籍

第十二課　Lektion 12

seki wo oku 籍を置く sich registrieren lassen, sich einschreiben	
置	CHI o(ku): setzen, stellen, legen -o(ki): (als Suffix) im Abstand von ...
罒 122 (13)	罒　甲　置　置

L 13: oku 置く stellen, legen

utsukushisa 美しさ Schönheit	
美	BI utsuku(shii): schön, gut
羊 123 (9)	丷　丷　半　美　美

L 21: yumiko 由美子 (Frauenname)

honyaku 翻訳 Übersetzung	
翻	HON hirugae(ru): sich wandeln, wehen hirugae(su): umkehren, wechseln, ändern; wehen lassen
羽 124 (18)	釆　番　翻　翻　翻

honyaku 翻訳 Übersetzung	
訳	YAKU: Übersetzung YAKU(su): übersetzen wake: Grund, Bedeutung, Umstand wake(wa nai): kein Grund zur Annahme, einfach
言 149 (11)	言　訁　訳　訳

L 24: tsuuyaku suru 通訳する dolmetschen

第十二課　Lektion 12

shousetsu 小説 Roman	
説	SETSU: Meinung, Argument, Gerücht to(ku): erklären, predigen
言 149 (14)	言　言＾　訝　説

L 17: setsumei 説明 Erklärung

izu 伊豆 (Ortsname)	
豆	TOU, ZU mame: Bohnen, Erbsen
豆 151 (7)	一　口　戸　豆

L 20: nattou 納豆 Natto, fermentierte Sojabohnen

odoriko 踊子 Tänzerin	
踊	YOU odo(ru): tanzen
⻊ 157 (14)	㐄　㐅　㐆　踊　踊

zushi-shi 逗子市 die Stadt Zushi	
逗	TOU, ZU: (länger) anhalten, bleiben
⻌ 162 (9)	一　口　戸　豆　逗

kanashimi 悲しみ Trauer, Leid	
悲	HI kana(shii): traurig kana(shimu): trauern kana(shimi): Trauer, Leid
非 175, 心 61 (12)	ノ　ヨ　非　非　悲

第十二課　Lektion 12

Lese- und Schreibübungen

1) Lesen Sie die Texte.

日本は島国である

日本は 島国 である。主な 島は 北海道・本州・四国・九州 である。京都は 1868年 まで 日本の首都 であった。今の首都は 東京 である。
日本の人口は 1億2千6百万人 である。

おうがい
森鴎外は 1862年に 生まれた。有名な 作家 であった。
1884年 から 1888年 まで ドイツに 留学した。

おおえけんざぶろう
大江健三郎は 1994年に ノーベル文学賞を 受賞した。

かわばたやすなり
川端康成

　川端康成は 有名な 小説家である。『伊豆の踊子』、『雪国』、
せんばづる
『千羽鶴』それに『美しさと悲しみと』などで 日本の 代表的な 作家になった。ドイツ語の翻訳も ある。川端は 1899年6月14日に 大阪で 生まれた。2才で 父、3才で 母を 亡くした。1917年から 1924年まで 東京大学に 籍を 置いた。文学部で 勉強した。1968年に ノーベル文学賞を 受賞した。1972年4月10日に 逗子市で ガス自殺をとげた。

2) Lesen Sie die Sätze.

1. 木村さんは九州に住んでいる。
2. 1998年まで北海道に住んでいた。
3. 四国に生まれた。
4. 彼の妹は東京で働いていて、逗子市に住んでいる。
5. 子供は何才ですか。
6. ドイツの人口は何人ですか。

3a) Schreiben Sie die folgenden Wörter mit Kanji.

ほっかいどう、ほんしゅう、しこく、きゅうしゅう、
ずしし、いず、
しま、5さい、なくす、なくなる、だいひょうてき、もり、じさつ、
うける、せきをおく、うつくしさ、かなしみ、おどりこ、
ほんやく、しょうせつ、りゅうがくする、ノーベルぶんがくしょう

3b) Wie lauten die anderen Lesungen der Kanji?

第十三課 Lektion 13

曲、単、重、忘、夜、優、写、次、直、原、女、字、当、捻、
捨、撮、教、散、最、暗、校、法、源、漢、濡、用、簡、練、
緩、習、慮、親、触、調、近、違、遅、意、駐

magaru 曲がる abbiegen	
曲	KYOKU ma(garu): biegen, abbiegen ma(geru): biegen, verdrehen
亅 2, 曰 72 (6)	丨 冂 曲 曲

kantan 簡単 einfach, leicht	
単	TAN TAN (ni): lediglich hitoe: einfach nur
丶 3 (9)	丷 丷 単 単

omoi 重い schwer (Gewicht)	
重	JUU, CHOU omo(i): schwer (vom Gewicht) kasa(neru): aufeinander legen kasa(naru): aufeinander liegen -e: -fach, -fältig
丿 4, 里 166 (9)	一 亖 重 重

wasureru 忘れる vergessen	
忘	BOU wasu(reru): vergessen,
亠 8, 心 61 (7)	亠 亡 忘 忘

L 16: wasuremono 忘れ物 vergessene Gegenstände, Fundsachen; (o)wasuremono (お)忘れ物 höflicher als *wasuremono*; L 18: bounenkai 忘年会 Jahresabschlussfeier

yoru 夜 Nacht

夜	YA, yo yoru: Nacht, Abend
亠 8, 夕 36 (8)	亠 广 夜 夜

L 18: yuube 昨夜 gestern Abend; L 22: yakoubasu 夜行バス Nachtreisebus

joyuu 女優 Schauspielerin

優	YUU: überragend sugu(reru): übertreffen yasa(shii): einfach, mild, freundlich, ruhig, nett
亻 9 (17)	亻 伛 伛 傻 優

shashin 写真 Foto

写	SHA utsu(su): kopieren, malen utsu(ru): reflektiert werden utsu(shi): Kopie, Duplikat
冖 14 (5)	冖 写 写 写

tsugi 次 nächste/r/s

次	JI tsugi: nächste/r/s tsugi(ni): danach, und dann tsu(gu): Nächster sein
冫 15, 欠 76 (6)	冫 冫 次 次

第十三課　Lektion 13

	naosu 直す reparieren, korrigieren	
直	CHOKU: direkt JIKI (ni): bald su(gu): direkt, bald nao(su): reparieren, korrigieren nao(ru): wiederhergestellt werden tada(chi ni): sofort	
十 24, 目 109 (8)	亠 市 直 直	

	akihabara 秋葉原 (Stadtteil von Tokyo)	
原	GEN: Ursprung hara: Feld, Moor	
厂 27 (10)	厂 厏 厡 原 原	

	joyuu 女優 Schauspielerin	
女	JO, NYO, NYOU onna: Frau	
女 38 (3)	乚 女 女	

L 18: kanojo 彼女 sie

	kanji 漢字 Kanji, Schriftzeichen aus China	
字	JI: Zeichen, Symbol, Buchstabe	
宀 40 (6)	宀 宁 字 字	

L 14: rōma-ji ローマ字 Buchstaben (wörtlich: römische Schriftzeichen); L 20: myouji 名字 Familienname

Lektion 13

atarimae 当たり前 selbstverständlich	
当	TOU: (als Präfix) dies, das Gesagte; angemessen a(teru): stoßen, schlagen, treffen, erraten a(taru): treffen, gelingen, anwendbar sein, entsprechen a(te): Ziel, Erwartung, Adresse, Zweck a(tari): Treffer, gute Ernte
⺍ 42 (6)	丨 ⺍ 当 当

L 14: hontou ni 本当に wirklich, tatsächlich

neji 捻子 Schraube	
捻	NEN hine(ru): (herum)drehen, verdrehen ne(jiru): schrauben, verdrehen, verbiegen
扌 64 (11)	扌 扒 扲 捻 捻

suteru 捨てる wegwerfen	
捨	SHA su(teru): wegwerfen
扌 64 (11)	扌 扒 拴 捨

shashin wo toru 写真を撮る fotografieren	
撮	SATSU to(ru): aufnehmen, fotografieren
扌 64 (15)	扌 押 揖 揖 撮

oshieru 教える unterrichten, erklären	
教	KYOU oshi(eru): unterrichten, erklären, sagen oso(waru): lernen, Unterricht nehmen oshi(e): Unterrichten, Anweisung, Doktrin
攵 66 (11)	土 耂 孝 教

第十三課　Lektion 13

sanpo 散歩 Spaziergang, sanpo suru 散歩する spazieren gehen	
散	SAN chi(ru): (verwelkt) abfallen, sich zerstreuen, sich verbreiten chi(rasu): zer-/ausstreuen, verteilen chi(rakasu): ausstreuen, in Unordnung bringen chi(rakaru): verstreut sein, in Unordnung sein
攵 66 (12)	卄　芇　昔　散

saigo 最後 Ende, saigo ni 最後に zuletzt	
最	SAI: (bildet die Steigerungsform: höchst, meist usw.) motto(mo): am meisten/besten
日 72 (12)	日　旦　昌　量　最

L 23: saikin 最近 vor kurzem, in letzter Zeit

kurai 暗い dunkel	
暗	AN kura(i): dunkel
日 72 (13)	日　旷　晬　暗

gakkou 学校 Schule	
校	KOU: Schule; untersuchen, vergleichen, korrigieren
木 75 (10)	木　朴　柊　校

bunpou 文法 Grammatik	
法	HOU: Methode, Kunst, Gesetz, Doktrin, Grund nori: Gesetz, Regel, Vorschrift, Muster, Lehre
氵 85 (8)	氵　汁　汢　法

第十三課　Lektion 13

dengenpuragu 電源プラグ Netzstecker	
源	GEN minamoto: Ursprung, Quelle
氵 85 (13)	氵 氵 沪 源 源

L 14: dengen wo kiru 電源を切る Strom ausschalten

kanji 漢字 Kanji, Schriftzeichen aus China	
漢	KAN: China, das Han-Volk, die Han-Dynastie, Mann
氵 85 (13)	氵 氵 汁 汁 漢

nureru 濡れる nass werden	
濡	JU nu(reru): nass werden nu(rasu): anfeuchten, nass machen
氵 85 (17)	氵 氵 沪 湉 濡

shiyoujou no chuui 使用上の注意 Gebrauchshinweise	
用	YOU: Beruf, Beschäftigung, Gebrauch mochi(iru): benutzen, übernehmen
用 101(5)	丿 冂 月 用

L 17: shiyou suru 使用する benutzen; L 24: youshi 用紙 Formular

kantan 簡単 einfach, leicht	
簡	KAN: einfach, schlicht, kurz; untersuchen
竹 118 (18)	⺮ 笡 簡 簡

第十三課　Lektion 13

renshuu 練習 Übung	
練	REN ne(ru): trainieren, üben
糸 120 (14)	糸　紆　紃　綀　練

yurumeru 緩める (etw.) lockern	
緩	KAN yuru(meru): (etw.) lockern yuru(i): locker, lose; nachsichtig, mild
糸 120 (15)	糸　紹　經　絽　緩

renshuu 練習 Übung	
習	SHUU nara(u): lernen, studieren nara(i): Angewohnheit
羽 124 (11)	刁　习　羽　習

L 21: shuukan 習慣 Sitte, Gewohnheit

enryo suru 遠慮 zurückhaltend sein	
慮	RYO: (be)denken omonbaka(ru): gut überlegen; sich sorgen um, sich fürchten vor
虍 141, 心 61 (15)	广　卢　虍　虜　慮

shinsetsu 親切 freundlich	
親	SHIN: Vertrautheit, Eltern oya: Elternteil shita(shii): eng, intim, vertraut shita(shimu): befreundet sein
見 147 (16)	立　亲　親　親

L 16: ryoushin 両親 Eltern

sawaru 触る berühren	
触	SHOKU fu(reru): berühren, sich beziehen auf, bekanntmachen sawa(ru): berühren, befühlen, angreifen
角 148 (13)	⺈ 角 角 角 触

shiraberu 調べる nachschlagen, untersuchen	
調	CHOU shira(beru): nachschlagen, untersuchen totono(eru): vorbereiten, ordnen, arrangieren totono(u): bereit sein
言 149 (15)	言 訁 訊 調 調

chikai 近い nahe	
近	KIN chika(i): nahe
⻍ 162 (6)	厂 斤 沂 近

L 23: saikin 最近 vor kurzem, in letzter Zeit

machigau 間違う einen Fehler machen, verwechseln	
違	I chiga(u): anders sein, falsch sein chiga(i): Unterschied, Fehler chiga(eru): ändern, irren (ni)chiga(i nai): zweifellos
⻍ 162 (12)	士 吾 寺 韋 違

L 15: chigau 違う anders sein, falsch sein

osoi 遅い spät, langsam	
遅	CHI oso(i): spät, verspätet, langsam oku(reru): sich verspäten oku(rasu): auf-/verschieben
辶 162 (11)	尸 尸 戸 犀 遅

shiyoujou no chuui 使用上の注意 Gebrauchshinweise	
意	I: Absicht, Idee, Bedeutung, Meinung omo(u): denken
音 180, 心 61 (13)	亠 音 音 意 意

L 16: (go)chuui (御)注意 Vorsicht; imi 意味 Bedeutung; L 23: iken 意見 Meinung

chuusha suru 駐車する parken	
駐	CHUU: halten, wohnen, ansässig sein
馬 187 (15)	馬 馬 馬 駐 駐

L 18: chuushajou 駐車場 Parkplatz

Lese- und Schreibübungen

1) Lesen Sie den Text.

使用上の 注意を よく読んで、正しく使って下さい。

- ビデオテープ-レコーダー (VTR) をストーブの側に 置かないで下さい。
- 熱い 物を VTRの上に 置かないで下さい。
- 重い 物を VTRの上に 置かないで下さい。
- VTRの捻子を 緩めないで下さい。
- 濡れた手で 電源プラグを 触らないで下さい。

田中さん 「これは 昨日 秋葉原で 買った ビデオテープ-レコーダー ですか。小さくて便利ですね。」

シューマンさん 「ええ、安くて いい ビデオテープ-レコーダー です。」

田中さん 「私のは高くても よくない です。使い方は 簡単ですか。」

シューマンさん 「実は 漢字を 調べても、『使用上の注意』が まだよく わかりません。ちょっと 読んで 教えて下さい。」

田中さん 「ええと ですね。『ビデオテープ-レコーダー (VTR) をストーブの側に 置かないで下さい。』これ は わかりますか。」

シューマンさん 「ビデオテープ-レコーダー を ストーブの側に 置いて も いい ですか。」

田中さん 「いいえ、ストーブの 側に 置いて は いけません。熱くてよく ない から です。それで、重い物をVTRの上に置いてはいけません。次は、VTRの捻子を 緩めないで下さい。」

シューマンさん 「自分で VTRを 直して はいけませんか。」

田中さん 「はい、そうです。最後は 濡れた手で 電源プラグに 触って はいけません。」

シューマンさん 「ええ、それは 当たり前ですね。」

2) Lesen Sie die Sätze.

1. 駅の前で駐車してはいけません。
2. 左に曲ってはいけません。
3. 簡単に使用上の注意を教えて下さい。

4. それを忘れないで下さい。
5. 病院の中でタバコを吸ってはいけません。
6. 遠慮しないで下さい。
7. 夜遅くまで漢字の練習をしても次の日また忘れます。
8. あの女優は若くてきれいです。
9. 雪子さんは田中さんのパソコンを直しました。
10. お寺と神社の中で写真を撮ってもいいですか。
11. まだ暗くないから散歩しましょうか。
12. あの古い捻子をまだ使うから捨てないで下さい。
13. 明日学校を休んでもいいですか。
14. 文法をもう一度教えて下さい。
15. 近くてもタクシーで行きましょう。
16. 花子さんは親切な人です。
17. 辞書で調べてもわかりません。
18. 先生でも間違います。

3a) Schreiben Sie die folgenden Wörter mit Kanji.
まがる、かんたん、おもい、わすれる、よる、じょゆう、しゃしん、
とる、つぎ、なおす、あきはばら、おんな、かんじ、あたりまえ、ねじ、
ゆるめる、すてる、おしえる、さんぽ、さいご、くらい、がっこう、
ぶんぽう、れんしゅう、しらべる、でんげんプラグ、ぬれる、しよう
じょうのちゅうい、えんりょする、しんせつ、さわる、まちがう、
ちかい、おそい、ちゅうしゃする

3b) Wie lauten die anderen Lesungen der Kanji?

第十四課 Lektion 14

刷、了、変、伝、保、借、力、喫、吉、存、客、店、弾、押、換、止、沖、登、縄、裕、遊、選、門

insatsu suru 印刷する drucken	
刷	SATSU su(ru): drucken
ノ 4, 刂 18 (8)	⇁ 尸 屌 刷

shuuryou suru 終了する beenden	
了	RYOU: beenden; verstehen
亅 6 (2)	⇁ 了

henkan suru 変換する umwandeln, auswechseln	
変	HEN: merkwürdig; Notfall, Störung HEN(jiru): verwandeln ka(waru): sich verwandeln ka(eru): ändern, verwandeln
亠 8, 夂 34 (9)	亠 ㇒ 亦 変

L 19: taihen 大変 sehr, schlimm, wichtig

tetsudau 手伝う helfen	
伝	DEN: Biographie; Trick tsuta(eru): mitteilen, überliefern, übermitteln tsuta(waru): ausgehändigt werden, übermittelt werden
亻 9 (6)	亻 仁 伝 伝

L 21: tsutaeru 伝える mitteilen, überliefern; ... ni mo yoroshiku otsutae kudasai. ...にも宜しく お伝え下さい。 Bestellen Sie ... bitte schöne Grüße!

第十四課　Lektion 14

hozon suru 保存する speichern, sichern	
保	HO HO(suru): garantieren, sich sicher sein, überzeugt sein tamo(tsu): beschützen, bewahren, halten
亻 9 (9)	亻　伊　伢　保

kariru 借りる sich ausleihen	
借	SHAKU ka(ri): Schulden ka(riru): leihen, mieten
亻 9 (10)	亻　伂　併　借　借

nyuuryoku suru 入力する eingeben, eintippen	
力	RYOKU RIKI chikara: Kraft, Macht
力 19 (2)	フ　力

kissaten 喫茶店 Cafe	
喫	KITSU: essen, trinken, rauchen
口 30 (12)	口　吅　咁　喞　喫

yoshida 吉田 (Name)	
吉	KICHI, KITSU: Glück yo(i): gut, glücklich, glückverheißend
土 32, 口 30 (6)	十　士　吉　吉

hozon suru 保存する speichern, sichern	
存	SON, ZON: existieren, denken, wissen ZON(jiru): wissen, denken, kennen (bescheiden) SON(suru): da sein, existieren
子 39 (6)	一 ナ 存 存

L 24: gozonji desu ご存知です kennen (respektvoll); zonjiru 存じる kennen (bescheiden)

okyakusan お客さん Gast, Kunde	
客	KYAKU, KAKU: Gast, Besucher, Kunde
宀 40 (9)	宀 宀 ㄆ 客

kissaten 喫茶店 Cafe	
店	TEN mise: Laden, Geschäft
广 53 (8)	广 广 庐 店

L 15: mise 店 Laden

hiku 弾く spielen (Klavier, Geige, Harfe etc.)	
弾	DAN tama: Kugel, Geschoss hi(ku): (ein Saiteninstrument) spielen
弓 57 (12)	弓 弓ヾ 弹 弹 弾

osu 押す drücken	
押	OU o(su): stoßen, schieben, drücken
64 (8)	扌 扪 抇 押

henkan suru 変換する umwandeln, auswechseln	
換	KAN ka(eru): um-/austauschen, wechseln, ändern
扌 64 (12)	扌 扩 护 挽 換

L 16: norikaeru 乗り換える umsteigen

yamu 止む aufhören	
止	SHI to(meru): anhalten, unterbrechen ya(meru): stoppen, aufgeben, verzichten to(maru): halten ya(mu): aufhören, enden
止 77 (4)	丨 卜 止 止

L 16: tomaru 止る halten (mit ni); L 19: tomeru 止める halten, aufhalten; L 22: yameru 止める etwas beenden, aufgeben, aufhören

okinawa 沖縄 Okinawa (Ortsname)	
沖	CHUU oki: die hohe, offene See
氵 85 (7)	氵 沪 沪 沖

noboru 登る besteigen, hinaufsteigen	
登	TOU, TO nobo(ru): klettern auf, besteigen, hinaufsteigen
癶 105 (12)	丆 丆 癶 癶 登

okinawa 沖縄 Okinawa (Ortsname)	
縄	JOU nawa: Seil, Tau, Strick, Leine
糸 120 (15)	糸 紀 絅 絹 縄

yuuko 裕子 (Frauenname)	
裕	YUU yutaka: reichlich, reich, wohlhabend, fruchtbar
衤 145 (13)	衤 衤 衤 裕

asobu 遊ぶ spielen, sich vergnügen	
遊	YUU, YU aso(bu): spielen, sich vergnügen
辶 162 (11)	亠 方 扩 斿 遊

erabu 選ぶ wählen	
選	SEN: Wahl, Auswahl era(bu): wählen, auswählen
辶 162 (14)	己 己 巺 巽 選

nyuumon 入門 Einführung	
門	MON: Tor; Familie, Haus, Sekte, Schule kado: Tor, Tür, Öffnung
門 169 (8)	丨 冂 月 門 門

第十四課　Lektion 14

Lese- und Schreibübungen

1) Lesen Sie den Dialog.
ファイルを 閉じる前に 保存します
グリムさん「吉田さん、時間が ありますか。コンピューターを ちょっと
　　　　　　手伝って下さい。」
吉田さん「何 でしょうか。」
グリムさん「漢字で 書きたい時 どうしますか。」
吉田さん「ローマ字でかな を入力した後で［変換］を押して下さい。」
グリムさん「はい、わかりました。今まで 漢字と かな で書きました。
　　　　　　これ から ローマ字で 書きたいですが。」
吉田さん「新しい テキストを 入力する前に［半角］を押して下さい。」
グリムさん「テキストを書いた後で ファイルを閉じますか。」
吉田さん「いいえ、ファイルを 閉じる前に 保存します。」
グリムさん「ああそう ですか。それで 昨日 書いたテキストを 読みたい
　　　　　　時はどうしますか。」
吉田さん「［開く］を 押した後で ファイル名を 選んで、マウスの 左ボ
　　　　　タンを二回クリックして下さい。」
グリムさん「本当に ありがとう ございました。吉田さん は 若い時 から
　　　　　　コンピューターを使っていましたか。」
吉田さん「ええ、学生の時 始めました。」
グリムさん「また色々聞いて もいい ですか。」
吉田さん「はい、どうぞどうぞ。」

2) Lesen Sie die Sätze.
1. 印刷する前にテキストをもう一度読んで下さい。
2. 裕子さんはピアノを弾いている間に彼女の部屋に入ってはいけません。
3. ファイルを保存した後でWindows を終了して下さい。
4. パソコンの入門ガイドを二回読んでもまだわかりません。
5. 雨が止むまであの喫茶店で待ちましょう。
6. 漢字を入力したい時はどうしますか。
7. 小さい時によく隣りの人の庭で遊びました。
8. 沖縄で旅行している間に自動車を借りました。
9. お客さんが店に入りました。

10. 父は富士山に登る前にお医者さんに行きました。

3a) Schreiben Sie die folgenden Wörter mit Kanji.
いんさつする、へんかんする、しゅうりょする、ほぞんする、にゅうりょくする、
てつだう、かりる、おす、やむ、のぼる、あそぶ、えらぶ、
きっさてん、おきゃくさん、よしだ、おきなわ、ゆうこ、ピアノをひく、にゅうもん

3b) Wie lauten die anderen Lesungen der Kanji?

第十五課 Lektion 15

彫、仏、停、券、歴、宮、履、改、幡、張、数、札、整、皆、箱、緊、取、賃、路、運

kamakurabori 鎌倉彫 Schnitz- und Lackarbeiten aus Kamakura	
彫	CHOU ho(ru): meißeln, schnitzen, schneiden
ノ 4, 彡 59 (11)	冂 冃 周 彫

daibutsu 大仏 großer Buddha	
仏	FUTSU: (Abk. für Frankreich) BUTSU: Buddha hotoke: Buddha, Verstorbener
イ 9 (4)	ノ イ 仏 仏

basutei バス停 Bushaltestelle	
停	TEI todo(maru): anhalten, stehen bleiben todo(meru): etw./jmd. stoppen
イ 9 (11)	イ 广 佇 停 停

seiriken 整理券 Nummernkarte; kaisuuken 回数券 Mehrfahrtenkarte	
券	KEN: Karte, Schein
刀 18 (8)	丶 䒑 关 券

L 16: teikiken 定期券 Zeitkarte; shiteiken 指定券 Platzkarte; L 17: koukuuken 航空券 Flugticket

rirekisho 履歴書 Lebenslauf	
歴	REKI: Fortdauer, Verlauf der Zeit
厂 27, 止 77 (14)	厂 厍 厤 歴

wakamiyaooji 若宮大路 (Straße in Kamakura); hachimanguu 八幡宮 Hachiman-Schrein	
宮	KYUU, GUU miya: Shinto-Schrein, Palast; Prinz
宀 40 (10)	宀 宁 宫 宫 宮

rirekisho 履歴書 Lebenslauf	
履	RI ha(ku): (Schuhe, Strümpfe, Hosen) anziehen fu(mu): treten, durchlaufen, durchführen
尸 44 (15)	尸 尸 屄 屧 履

jidoukaisatsuguchi 自動改札口 automatische Sperre, jidoukaisatsuki 自動改札機 automatischer Fahrkartenentwerter	
改	KAI arata(meru): ändern, verändern, verbessern, reformieren arata(maru): verändert/erneuert werden
已 49, 攵 66 (7)	㇇ 己 改 改

L16: kaisatsuguchi 改札口 Sperre (im Bahnhof)

hachimanguu 八幡宮 Hachiman-Schrein	
幡	HAN, HON, MAN hata: Flagge, Banner hiragae(ru): flattern, wehen; sich umwenden
巾 50 (15)	冂 巾 忄 帄 帗 幡

kinchou suru 緊張する nervös sein, aufgeregt sein	
張	CHOU ha(ru): aufspannen, ausbreiten
弓 57 (11)	弓 引 distributed 張 張

kaisuuken 回数券 Mehrfahrtenkarte	
数	SUU kazu: Zahl, Anzahl, Menge kazo(eru): zählen
攵 66 (13)	半 米 娄 数

L 20: maisuu 枚数 Anzahl (von flachen, dünnen Gegenständen)

jidoukaisatsuguchi 自動改札口 automatische Sperre, jidoukaisatsuki 自動改札機 automatischer Fahrkartenentwerter	
札	SATSU: Geldschein, Zettel fuda: Ticket, Zettel, Etikett, Schild
木 75 (5)	一 十 木 札

L 16: kaisatsuguchi 改札口 Sperre (im Bahnhof); L 20: ensatsu 円札 Yen-Note

seiriken 整理券 Nummernkarte	
整	SEI totono(eru): ordnen, vorbereiten totono(u): geordnet/vorbereitet sein
止 77, 攵 66 (16)	戸 束 敕 敕 整

minna 皆 alle	
皆	KAI minna, mina: alle, alles
比 81, 白 106 (9)	上 比 皆 皆

unchinbako 運賃箱 Behälter für Fahrgeld	
箱	SOU hako: Kasten, Kiste, Schachtel
竹 118 (15)	⺮ 筘 筘 箱

L 16: hakone 箱根 (Ortsname)

kinchou suru 緊張する nervös sein, aufgeregt sein	
緊	KIN: hart, fest
糸 120 (15)	丨 尸 臣 臤 緊

toru 取る nehmen	
取	SHU to(ru): nehmen
耳 128, 又 29 (8)	厂 王 耳 取

L 18: untenmenkyo wo toru 運転免許を取る Führerschein machen; L 21: yasumi wo toru 休みを取る sich freinehmen; L 24: torishimariyaku 取締役 Direktor (Vorstandsmitglied)

unchin 運賃 Fahrgeld	
賃	CHIN: Gebühr, Fahrgeld, Gehalt, Miete
貝 154 (13)	亻 仁 任 賃

L 16: yachin 家賃 Miete

第十五課　Lektion 15

wakamiyaooji 若宮大路 (Straße in Kamakura)	
路	RO michi, -ji: Straße, Weg
⻊ 157 (13)	𧾷 足 跿 跷 路

unchin 運賃 Fahrgeld	
運	UN: Schicksal, Glück; Transport hako(bu): transportieren
⻌ 162 (11)	冖 冒 軍 運

L 16: unten suru 運転する Auto fahren; L 18: untenmenkyoshou 運転免許証 Führerschein

Lese- und Schreibübungen

1) Lesen Sie den Dialog.

鎌倉で

シューマンさん「大仏は 大きい です ね。これ から 何をしましょうか。」
木村さん「お腹が すいた から レストランに 昼ご飯を 食べに 入りま
　　　　しょう。駅の 前に いい レストランを 知っています。」
川田さん「私も 食事したい です。それで 昼ご飯を 食べた 後で 何を しま
　　　　しょうか。」
シューマンさん「私は 八幡宮が 見たい です。木村さん は。」
木村さん「私は 若宮大路で おみやげ が 買いたい です。」
川田さん「小町通り にも いい店 が ありますね。」
シューマンさん「買いたいもの が ありますか。」
木村さん「鎌倉彫 です。」
シューマンさん「ああ、鎌倉彫は 有名です ね。」
木村さん「そう です ね。母と 姉は 鎌倉彫が とても 好き です から 小物
　　　　が 買いたい です。」
川田さん「じゃ、八幡宮を 見た 後で おみやげ を 買いに 行きましょう
　　　　か。」
シューマンさん「では 八幡宮に 行きましょう。タクシー乗り場 は どこ
　　　　にありますか。」
川田さん「タクシーに 乗らなくても いい ですよ。バスも あります。」

木村さん「あそこ の 店で 回数券を 買いましょうか。」
川田さん「いいえ、回数券を 持って 来て いる から 買わなくてもいい
　　　　　です。」
バス停で
シューマンさん「皆 まん中 からバスに 乗りますね。お金は いつ 払いま
　　　　　すか。」
川田さん「まず バスに 乗る 時整理券を 取ります。そして 降りる 時整理券
　　　　　と お金を 運賃箱に 入れます。」
シューマンさん「でも 東京に いた 時は 前から 乗りました。」
木村「そう ですね。東京のバスは また 違います。」

質問に答えて下さい。
・シューマンさん と 川田さんと 木村さんは 鎌倉で 何を 見に 行きますか。
・どこ で 昼ご飯を 食べますか。
・木村さんは 鎌倉で 何を 買いたい ですか。
・駅から 八幡宮まで タクシーで 行きますか。
・運賃は バスに 乗る 時 払いますか。

2) Lesen Sie die Sätze.
1. 会社に 履歴書をメールで 送りました。*
2. 「自動改札口の 時は 切符を 改札機に 入れますか。」「はい、駅に 入る 時
　 は 改札機に 入れて 取ります。」
3. シューマンさん「昨日の 会議で 皆の 前で 話す 時とても 緊張しました。」
　 田中さん「日本語で 話しましたか。」
　 シューマンさん「いいえ、日本語で 話さなくてもよかったです。」

3a) Schreiben Sie die folgenden Wörter mit Kanji.
かまくらぼり、だいぶつ、わかみやおおじ、はちまんぐう、
バスてい、せいりけん、じどうかいさつぐち、かいすうけん、
うんちんばこ、
りれきしょ、きんちょうする、みんな、とる

3b) Wie lauten die anderen Lesungen der Kanji?

_____

*okuru 送る = schicken (s. Lektion 19)

第十六課 Lektion 16

両、内、求、少、傘、備、並、準、定、光、御、根、期、請、転、険

ryoushin 両親 Eltern	
両	RYOU: zwei, beide
一 1 (6)	一 丁 丙 両

L 20: ryougae 両替 Geldwechsel, ryougae suru 両替する Geld wechseln

uchigawa 内側 Innenseite; shanai 車内 Wageninneres	
内	NAI uchi: innen, Innenseite, Haus, Heim
丨 2, 冂 13 (4)	丨 冂 内 内

L 21: uchi 内 innen; kanai 家内 (eigene) Ehefrau

seikyuusho 請求書 Rechnung	
求	KYUU moto(meru): suchen, wünschen, fordern
丶 3, 水 85 (7)	十 丮 求 求

sukoshi 少し etwas, ein bisschen	
少	SHOU suku(nai): wenig, gering suko(shi): ein wenig, etwas
ノ 4, 小 42 (4)	亅 刂 小 少

L 24: shoushou 少々 ein bisschen

kasa 傘 Schirm	
傘	SAN kasa: Schirm
𠆢 9 (12)	𠆢 仐 㐺 傘

junbi 準備 Vorbereitung	
備	BI sona(eru): vorbereiten, einrichten, ausrüsten sona(waru): ausgerüstet sein mit, besitzen sona(e): Vorbereitung, Vorrat
亻 9 (12)	亻 俨 俻 倄 備 備

narabu 並ぶ sich anstellen	
並	HEI nara(beru): aufreihen nara(bu): in einer Reihe stehen nami (no): gewöhnlich, durchschnittlich nami, nara(bi): Reihe, Linie
⺌ 12, 一 1 (8)	⺌ 並 并 並 並

junbi 準備 Vorbereitung	
準	JUN: Halb-, Richtlinie, Standard, Niveau, Entsprechung JUN(zuru), JUN(jiru): entsprechen nazora(eru): nachmachen
十 24, 氵 85 (13)	氵 汁 泮 淮 準

teikiken 定期券 Zeitkarte; shiteiken 指定券 Platzkarte	
定	TEI sada(meru): festsetzen, entscheiden sada(maru): entschieden werden
宀 40 (8)	宀 宁 宇 定

L 17: fuantei 不安定 unsicher, instabil

第十六課 Lektion 16

nikkou 日光 (Ortsname)	
光	KOU hikari: Licht hika(ru): glänzen, leuchten, scheinen
42, 儿 10 (6)	丨 ⺌ 丬 光

gochuui 御注意 Vorsicht (höflicher als *chuui*); gojousha 御乗車 Mitfahrt (höflicher als *jousha*)	
御	GYO, GO on, o: Höflichkeits-Präfix
彳 60 (12)	彳 彳㇇ 彳乍 御 御

hakone 箱根 (Ortsname)	
根	KON: Wurzel; Geduld ne: Wurzel, Grund, Ursprung
木 75 (10)	木 杓 根 根

teikiken 定期券 Zeitkarte	
期	KI: Zeit, Periode
月 130 (12)	廿 甘 其 期

seikyuusho 請求書 Rechnung	
請	SEI ko(u): fragen, bitten, forden u(keru): erhalten
言 149 (15)	言 計 訁 請 請

unten suru 運転する Auto fahren	
転	TEN TEN(jiru): ändern koro(bu): stolpern, fallen
車 159 (11)	亘 車 軒 転

L 18: untenmenkyoshou 運転免許証 Führerschein

kiken 危険 Gefahr	
険	KEN: Abgrund kewa(shii): steil, streng, gefährlich
ß 170 (10)	ß 阝 阧 険

Lese- und Schreibübungen

1) Lesen Sie den Dialog.

駅で
マイヤーさん「駅に入りましょうか。」
川田さん「そうですね。田中さんはホームで会うと言いましたね。」
マイヤーさん「駅に入る時切符を見せなければなりませんか。」
川田さん「ええ、改札口で駅員に切符を見せなければなりません。」
マイヤーさん「駅員がいない時どうしますか。」
川田さん「自動改札口の時、切符を自動改札機に入れて取ります。」
マイヤーさん「ああ、そうですか。ドイツの駅は少し違います。
　　　　　　ところで、田中さんは電車が2番線から出ると言いました
　　　　　　が、あそこに1番線と書いてあります。」
川田さん「そうですね。じゃ、1番線に行った方がいいでしょう。」
...
マイヤーさん「ここで待ちましょうか。」
川田さん「いいえ、ここにはグリーン車が止るからあそこに並ばな
　　　　　ければなりません。」
マイヤーさん「人がずいぶんいるから速く並んだ方がいいですね。
　　　　　　乗り換えなければなりませんか。」
川田さん「いいえ、乗り換えなくてもいいです。」

「間もなく １番線に 電車が まいります。
危険ですから ホームの 内側に お下がりください。
電車が まいります。御注意下さい。
御乗車 ありがとう ございました。
車内に お忘れ物 ございません よう お降り下さい。」

マイヤーさん「今のアナウンスは 何と言いましたか。」
川田さん「間もなく電車がまいると言いました。」
マイヤーさん「まいると言うのは どういう意味ですか。」
川田さん「来ると言う意味です。」

2) Lesen Sie die Sätze.
1. 両親は明後日歌舞伎を見に行くと言いました。
2. 傘を持って行った方がいいと思います。
3. この請求書いつまで払わなければなりませんか。
4. お腹が痛くても少し食べた方がいいと思います。
5. 「もう旅行の準備を始めましたか。」「いいえ、まだです。皆が旅行するから早くした方がいいですね。」
6. 何日まで定期券を買わなければなりませんか。
7. 「雨が降っているから今日日光に行かない方がいいです。明日は時間がありますか。」「ええ、あした行きましょう。」
8. 日曜日電車で箱根に行きたいです。何回乗り換えなければなりませんか。
9. 川田さんは運転しなければならないからお酒は飲みません。

3a) Schreiben Sie die folgenden Wörter mit Kanji.
りょうしん、うちがわ、せいきゅうしょ、すこし、かさ、じゅんび、ならぶ、ていけん、にっこう、はこね、ごちゅうい、ごじょうしゃ、うんてんする、きけん

3b) Wie lauten die anderen Lesungen der Kanji?

第十七課 Lektion 17

不、介、価、俳、個、凍、勢、句、報、災、建、情、態、戻、
招、景、然、状、盗、紹、結、続、航、誉、進、験

fuantei 不安定 unsicher, instabil	
不	FU, BU: (Präfix) un-
一 1 (4)	一 ア 不 不

shoukai suru 紹介する (jmd.) vorstellen	
介	KAI: Muschel, eingeklemmt sein zwischen KAI(suru): zwischen etw. sein, berücksichtigen, sich Sorgen machen KAI(shite): durch, mit Hilfe
亠 9 (4)	ノ 人 介 介

bukka 物価 Lebenshaltungskosten	
価	KA atai: Wert, Preis
イ 9 (8)	イ 亻 仜 価 価

haiku 俳句 Haiku, jap. Gedichtform	
俳	HAI: (komische) Schauspielkunst, Schauspieler; Haiku; umherwandern
イ 9 (10)	イ 亻 伹 俳 俳

第十七課　Lektion 17

kojinteki 個人的 persönlich	
個	KO, KA: ZEW für kleine, runde Gegenstände; einzeln, individuell
亻 9 (10)	亻 individual 個 個

L 18: ko 個 ZEW für kleine, runde Gegenstände

touketsu suru 凍結する einfrieren	
凍	TOU koo(ru): frieren, zu Eis werden kogo(ru): gefrieren, erstarren, fest werden kogo(eru): frieren, erstarren koori: Eis
冫 15 (10)	冫 冫 冱 冻 凍

oozei 大勢 viele (Menschen)	
勢	SEI, SE ikioi: Macht, Kraft, Energie; Trend
力 19 (13)	坴 坴 埶 勢 勢

haiku 俳句 Haiku, jap. Gedichtform	
句	KU: Satz, Ausdruck, Gedicht
勹 20, 口 30 (5)	ノ 勹 句 句

jouhou 情報 Information, Nachricht	
報	HOU: Neuigkeiten, Bericht, Belohnung hou(jiru): berichten muku(iru): belohnen
土 32 (12)	幸 幸 幸⁷ 報

sainan 災難 Pech, Unglück

災

SAI
wazawa(i): Pech, Unglück

巛 47, 火 86 (7)　　く　巛　災　災

tateru 建てる bauen, tatemono 建物 Gebäude

建

KEN
ta(teru): bauen, errichten
ta(tsu): errichtet werden

廴 54 (9)　　ヨ　ヨ　聿　建

jouhou 情報 Information, Nachricht

情

JOU
nasake: Mitgefühl, Mitleid

忄 61 (11)　　忄　忙　悙　情　情

joutai 状態 Zustand

態

TAI: Beschaffenheit, Zustand, Aussehen, Verhalten

心 61 (14)　　厶　育　能　能　態

modoru 戻る zurückkehren

戻

REI
modo(ru): zurückkehren
modo(su): zurückgeben

戸 63 (7)　　ヲ　戸　戸　戻

L 18: modosu 戻す zurückgeben

第十七課　Lektion 17

shoutai 招待 Einladung, shoutai suru 招待する einladen	
招	SHOU mane(ku): einladen, heranwinken, verursachen
扌 64 (8)	扌 扌 扪 招

keshiki 景色 Aussicht, Landschaft	
景	KEI KE: Aussicht, Landschaft, Erscheinen
日 72 (12)	日 早 昇 昱 景

zenzen 全然 gar nicht	
然	ZEN, NEN sa, shika, sou: so shika(shi): aber
灬 86 (12)	ク タ 狀 然

joutai 状態 Zustand	
状	JOU: Bedingung, Umstände, Verfassung; Brief
丬 90, 犬 94 (7)	丨 丬 状 状

L 18: shoutaijou 招待状 Einladungskarte; L 21: nengajou 年賀状 jap. Neujahrskarte

nusumu 盗む stehlen	
盗	TOU nusu(mu): stehlen
皿 108 (11)	冫 冫 次 盗

第十七課　Lektion 17

shoukai suru 紹介する (jmd.) vorstellen	
紹	SHOU: Vorstellung; Hilfe
糸 120 (11)	糸　紹　紹　紹

touketsu suru 凍結する einfrieren	
結	KETSU musu(bu): binden, verbinden, folgern, Früchte tragen musu(bi): Ende, Schlussfolgerung
糸 120 (12)	糸　紀　結　結　結

zokkou suru 続行する fortsetzen	
続	ZOKU tsuzu(ku): fortsetzen, andauern tsuzu(keru): fortsetzen, verbinden tsuzu(ki): Fortsetzung
糸 120 (13)	糸　紀　結　続　続

L 21: tsuzuku 続く andauern, fortsetzen

koukuuken 航空券 Flugticket	
航	KOU: Navigation, Seefahrt KOU(suru): segeln
舟 137 (10)	几　舟　舟　航

homeru 誉める loben	
誉	YO homa(re): Ehre, Ruhm, der gute Ruf home(ru): loben, rühmen, preisen
言 149 (13)	⺍　兴　兴　兴　誉

第十七課 Lektion 17

susumu 進む vorankommen	
進	SHIN SHIN(jiru): schenken, anbieten, präsentieren susu(mu): fortschreiten, vorankommen susu(meru): vorgehen lassen, fördern, anbieten, schenken
⻌ 162 (10)	亻 什 隹 進

taiken 体験 Erlebnis, Erfahrung	
験	KEN: Wirkung; Prüfung shiru(shi): Zeichen, Beweis, Effekt
馬 187 (18)	馬 馬 験 験

L 20: shiken 試験 Prüfung

Lese- und Schreibübungen

1) Lesen Sie den Dialog.

雨に降られました

佐藤さん 「お待たせしました。」
橋本さん 「ああ、佐藤さん、どう しましたか。雨に 降られましたか。
　　　　　傘を 持って来ませんでしたか。」
佐藤さん 「いいえ、持って来ましたが、電車の 中で 寝ている 間に 盗ま
　　　　　れました。」
橋本さん 「それ は災難ですね。外の物 も すり に取られましたか。」
佐藤さん 「いいえ、傘だけ でした。ところで、仕事は 進んでいますか。」
橋本さん 「いいえ、田中さん に 来られた から全然仕事しません でした。
　　　　　それで、田中さんに パソコンを 使われた 時に アプリケー
　　　　　ション が 凍結されました。これを読んで下さい。」

WARNING!
システムが不安定です。システムが再び使用できる状態になる までお
待ち下さい。またはシステムを再起動して下さい。
＊何かキーを押すとWindowsに戻ります。
＊もう一度 Ctrl + Alt + Del キーを押すと、システムを再起動します。
　この場合、保存されていない情報はすべて失われます。

| 何かキーを押すと続行します。 |

橋本さん「どうしましょうか。」

2) Lesen Sie die Sätze.
1. 「大江健三郎(おおえけんざぶろう)によって書かれた小説を読みましたか。」「ええ、『個人的な体験』を二回読みました。」
2. 私は昨日橋本先生に招待されました。
3. 日本に行くと物価が高いです。
4. 佐藤先生によって作られた俳句を読みましたか。
5. この映画は大勢の人に見られました。
6. あの建物は何年に建てられましたか。
7. 箱根に行くと景色がいいです。
8. ゴールデン・ウィークだと航空券が安くないです。
9. 妹は川田先生に誉められました。

3a) Schreiben Sie die folgenden Wörter mit Kanji.
ふあんてい、とうけつする、じょうほう、じょうたい、もどる、ぞっこうする、つづく、
しょうかいする、ぶっか、はいく、さんこ、おおぜい、さいなん、たてる、しょうたい、けしき、ぜんぜん、ぬすむ、こうくうけん、ほめる、すすむ、たいけん

3b) Wie lauten die anderen Lesungen der Kanji?

第十八課 Lektion 18

冊、充、命、倍、免、匹、台、多、太、姪、恵、掃、題、枚、
杯、泊、炊、畳、皿、祖、童、着、羽、荷、許、証、課、軒、
迎、郎、除、階、頁、飼

satsu 冊 ZEW für Bücher, Hefte	
冊	SATSU, SAKU: Band, Exemplar; Brief; ZEW für Bücher fumi: Band Exemplar; Brief
亅 2, 冂 13 (5)	冂 冂 冊 冊

juubun 充分 genug	
充	JUU: füllen a(teru): treffen, berühren, erraten, zuweisen mi(tasu): (an)füllen, zufrieden stellen mi(chiru): voll sein
亠 8, 儿 10 (6)	亠 云 <i>亠</i> 充

seimei 生命 Leben	
命	MEI: Befehl; Schicksal; Leben MEI(jiru): befehlen inochi: Leben mikoto: Prinz, Lord
𠆢 9 (8)	𠆢 亼 合 命

bai 倍 ZEW für -fach	
倍	BAI: doppelt, -fach BAI(suru): verdoppeln, multiplizieren
亻 9 (10)	亻 广 位 位 倍

第十八課 Lektion 18

untenmenkyoshou 運転免許証 Führerschein	
免	MEN MEN(jiru): entlassen, verzeihen manuka(eru): entkommen, vermeiden yuru(su): befreien, erlauben
儿 10 (8)	丿 夕 冬 免

hiki 匹 ZEW für kleine Tiere	
匹	HIKI: ZEW für kleine Tiere, Stoff HITSU: ebenbürtig, gleich; einzeln
匸 22 (4)	一 丆 兀 匹

dai 台 ZEW für Fahrzeuge, Maschinen	
台	DAI, TAI: Gestell, Ständer, Podest DAI: ZEW für Fahrzeuge, Maschinen
厶 28, 口 30 (5)	亠 厶 台 台

L 22: daidokoro 台所 Küche

tabun 多分 vielleicht	
多	TA: viel oo(i): zahlreich, viel, viele
夕 36 (6)	夕 夕 多 多

tarou 太郎 (Männername)	
太	TAI, TA futo(i): dick, groß futo(ru): dick werden
大 37 (4)	一 ナ 大 太

L 22: futoru 太る dick werden

第十八課　Lektion 18

mei 姪 Nichte	
姪	TETSU mei: Nichte
女 38 (9)	ㄥ 女 女一 女亠 女至 姪

L 21: meigosan 姪ごさん Nichte (höflich)

eriko 恵里子 (Frauenname)	
恵	KEI, E megu(mi): Segen, Gnade, Barmherzigkeit, Wohltat megu(mu): segnen, wohltätig sein
心 61 (10)	一 亘 曺 恵 恵

souji suru 掃除する putzen	
掃	SOU ha(ku): fegen
扌 64 (11)	扌 扫 㧗 掃 掃

mondai 問題 Problem, Frage	
題	DAI: Gegenstand, Problem, Thema, Titel DAI(suru): betiteln, bezeichnen
日 72, 頁 181 (18)	日 早 是 題 題

mai 枚 ZEW für flache, dünne Gegenstände	
枚	MAI: ZEW für flache, dünne Gegenstände
木 75 (8)	十 木 朳 枚

L 20: maisuu 枚数 Anzahl (von flachen, dünnen Gegenständen)

hai 杯 ZEW für volle Trinkgefäße	
杯	HAI: ZEW für volle Trinkgefäße sakazuki: Trinkschälchen (für Sake), Becher
木 75 (8)	十　木　杯　杯

tomaru 泊まる übernachten (mit *ni*), haku 泊 ZEW für Übernachtungen	
泊	HAKU: ZEW für Übernachtungen toma(ru): übernachten
氵 85 (8)	氵　汁　泊　泊

taku 炊く (Reis) kochen	
炊	SUI ta(ku): (Reis) kochen
火 86 (8)	火　炒　炒　炊

tatami 畳 Tatami, Reisstrohmatte, jou 畳 ZEW für Tatami (als Größenmaß für Zimmer)	
畳	JOU: ZEW für Tatami (als Größenmaß für Zimmer); 　　　wiederholen tata(mu): zusammenfalten, übereinanderlegen tatami: Tatami, Reisstrohmatte
田 102 (12)	冂　甲　畀　畳

sara 皿 Teller, osara お皿 höflicher als *sara*	
皿	BEI sara: Teller, Schale; Gang
皿 108 (5)	冂　皿　皿　皿

obaasan 祖母さん Großmutter, alte Dame	
祖	SO: Vorfahre, Gründer
礻 113 (9)	ｸ ｸ 礻 初 祖

L 21: sofu 祖父 (eigener) Großvater; ojiisan お祖父さん Großvater (höflich); sobo 祖母 (eigene) Großmutter

douwa 童話 Märchen	
童	DOU warabe: Kind
立 117 (12)	产 咅 童 童

tsuku 着く ankommen	
着	CHAKU: Ankunft, ZEW für Kleidungsstücke CHAKU(suru): ankommen, tragen (Kleidung) tsu(ku): ankommen ki(ru): anziehen ki(seru): jmd. etw. anziehen
羊 123, 目 109 (12)	亠 羊 䒑 着

* kimono 着物 Kimono; L19: kiru 着る anziehen

wa 羽 ZEW für Vögel und Kaninchen	
羽	U hane, ha: Feder, Flügel wa, -ba, -pa: ZEW für Vögel
羽 124 (6)	丨 ｺ 刁 羽

nimotsu 荷物 Gepäck	
荷	KA ni: Last, Fracht, Gepäck
艹 140 (10)	艹 艻 芢 荷 荷

untenmenkyoshou 運転免許証 Führerschein	
許	KYO yuru(su): erlauben, verzeihen yuru(shi): Erlaubnis, Lizenz, Verzeihen baka(ri): nur
言 149 (11)	言 訁 許 許

untenmenkyoshou 運転免許証 Führerschein	
証	SHOU: Beweis, Nachweis, Zeichen SHOU(suru): beweisen, belegen aka(shi): Beweis, Beleg
言 149 (12)	言 訁 証 証

L 20: juryoushou 受領証 Empfangsbestätigung, Quittung

ka 課 ZEW für Lektionen, Kapitel	
課	KA: Lektion, (Unter-)Abteilung ka(suru), ka(su): auferlegen, zuweisen
言 149 (15)	言 訁 評 評 課

L 19: kachou 課長 Unterabteilungsleiter

ken 軒 ZEW für Häuser	
軒	KEN: ZEW für Gebäude noki: Vordach, Dachtraufe
車 159 (10)	亘 車 車 軒

第十八課 Lektion 18

mukaeru 迎える entgegengehen, begrüßen, empfangen, abholen		
迎		GEI muka(eru): entgegengehen, begrüßen, empfangen, einladen
辶 162 (6)		⌐ 勹 卬 迎

tarou 太郎 (Männername)		
郎		ROU: Mann, Ehemann; Suffix bei männlichen Vornamen
阝 163 (8)		㇉ ㇌ 良 郎

L 23: ichirou 一郎 (Männername)

souji suru 掃除する putzen		
除		JO, JI: Division (Math.) nozo(ku): beseitigen, entfernen, weglassen nozo(ite): außer
阝 170 (9)		阝 阝ノ 阾 除 除

kai 階 ZEW für Stockwerke		
階		KAI: Treppe, Stufe, Etage, Ebene; ZEW für Stockwerke
阝 170 (11)		阝 阝ー 阯 阰 陛 階

peiji 頁 ZEW für Seiten		
頁		KETSU peiji: (Buch-)Seite, Blatt; ZEW für Seiten
頁 181 (9)		一 丆 百 頁

kau 飼う (Hunde, Fische, Katzen usw.) halten	
飼	SHI ka(u): (Tiere) halten, füttern, züchten
食 184 (13)	⧸ ⧸ 亽 食 飼 飼

Lese- und Schreibübungen

1) Lesen Sie den Dialog.

パーティーの準備

花子「パーティーの 準備を しましょうか。」

雪子「はい、もう すぐ 土曜日に なりますね。何人 来ると 思いますか。」

太郎「姉に 招待状を 20通 書いてもらいました。それで、今までに 返事が 16通 来ました から、多分 18人ぐらい 来る でしょう。」

花子「でも椅子が 六つ しか ありません。どう しましょう。」

雪子「畳の 部屋 にしましょう。座布団は たくさん ありますから。」

太郎「何畳 ですか。大丈夫ですか。」

雪子「大丈夫ですよ。あの部屋は 12畳ありますから。」

花子「それで 飲み物と食べ物は どう しましょうか。」

太郎「それは 明日 仕事が 終わってから 私が 買います。ビールは 何本要りますか。」

雪子「ビールはいいですよ。田中さんに 持って来てもらいます から。お酒を 3本を 買ってくれませんか。」

太郎「はい、去年の 忘年会で 飲んだ お酒を 買いましょうか。」

雪子「ええ、ちょっと高いですが、とてもおいしかったですね。」

花子「お寿司を 注文しましょうか。」

太郎「いいえ、母が 作ってくれる と言っていました。」

花子「ああ それ は ありがたい ですね。」

雪子「お皿は 20枚あります。コップも 充分ありますか。」

太郎「そう ですね。コップは 少し 足りないと思います。」

花子「それは大丈夫ですよ。隣りの山口さんが 貸してくれますから。ところで、恵里子さんも 来ますか。」

雪子「はい、ここに 泊まります。」

太郎「ああそう ですか。何泊しますか。」

雪子「3泊したいと 言っていました。」

パーティーの日
太郎「デザートは どう しましょう。」
花子「ご飯 を 炊いてから 作ります。」
太郎「恵里子さんは もう 着きましたか。」
雪子「いいえ、掃除が 終わってから 駅に 迎えに 行きます。」

2) Lesen Sie die Sätze.
1. 切符は去年600円でした。今年は1800円です。3倍です。
2. 木の上に鳥*が三羽います。
3. 先週の土曜日あの店で本を六冊買いました。
4. 若い人はよく生命のことについて考えると思いますか。
5. 田中さんの庭には猫が四匹います。
6. 運転免許証を取ってから自動車を何台買いましたか。
7. 川田さんは昨夜妹に童話を読んでくれました。
8. 私は昨日姪に買物してもらいました。
9. あの問題は来週佐藤先生に説明していただきます。
10. 太郎さんはまだ運転するからビールを一杯も飲みません。
11. 子供の時よく隣りに住んでいるお祖母さんにグリム兄弟の童話を読んでもらいました。
12. 父は犬を飼ってから毎日散歩しています。
13. 荷物を持ってあげましょうか。
14. 何課まで勉強しましたか。
15. 何階に住んでいますか。
16. この小説はあまり面白くないですが、もう150頁まで読みました。
17. 田中さんはあまりお金がないと思いましたが、実は去年家を二軒を買いました。

---

*tori 鳥 ＝ Vogel (s. Lektion 25)

3a) Schreiben Sie die folgenden Wörter mit Kanji.

じゅうぶん、せいめい、うんてんめんきょしょう、たぶん、たろう、めい、えりこ、そうじする、もんだい、とまる、ごはんをたく、おばあさん、どうわ、つく、にもつ、むかえる、かう、さら、たたみ、

さつ、ばい、ひき、だい、まい、はい、か、わ、けん、かい、ぺいじ

3b) Wie lauten die anderen Lesungen der Kanji?

第十九課 Lektion 19

壁、掛、筆、敗、迷、送、音

kabe 壁 Wand, Mauer	
壁	HEKI kabe: Wand, Mauer
土 32 (16)	コ 月 阝 辟 壁

kakaru 掛かる hängen, herunterhängen, kakeru 掛ける anhängen, bedecken u.a.	
掛	KAI, KEI ka(karu): hängen, herunterhängen ka(keru): anhängen, bedecken
扌 64 (11)	扌 扌 挂 挂 掛

mannenhitsu 万年筆 Füllfederhalter	
筆	HITSU fude: (Schreib-, Zeichen-) Pinsel, Schreiben, Zeichnen, Pinselstrich, Handschrift
竹 118 (12)	竹 竺 笁 筆

shippai 失敗 Misserfolg, shippai suru 失敗する Misserfolg haben	
敗	HAI: Niederlage yabu(ru): besiegen yabu(reru): verlieren, besiegt werden
貝 154, 攵 66 (11)	冂 貝 貝 敗

mayou 迷う sich verlaufen	
迷	MEI mayo(u): sich verlaufen, zögern
辶 162 (8)	丷 䒑 米 迷

okuru 送る schicken	
送	SOU oku(ru): schicken, senden, begleiten
辶 162 (8)	丷 䒑 关 送

L 24: (eki made) okuru (駅まで)送る jmd. zum Bahnhof bringen

ongaku 音楽 Musik	
音	ON: Ton; chinesische Lesung der Kanji oto: Ton, Geräusch ne: Ton (Musik)
音 180 (9)	亠 立 咅 音

Lese- und Schreibübungen

1) Lesen Sie den Dialog.

今日は 失敗 ばかり します
雪子さん「ごめんなさい。大変 お待たせしました。」
花子さん「いい ですよ。どう しましたか。」
雪子さん「地図を 持って来た のに 迷ってしまいました。
　　　　それで、近くの店の人に 道を 教えてもらった のに まだ
　　　　わかりませんでした。」
花子さん「ごめんなさい。駅の前で 会った 方が よかったですね。」
雪子さん「ええ。でも 二週間 前に 山田さんと 一緒に ここ に来たから
　　　　見つかると 思いましたが、見つかりませんでした。」
花子さん「じゃあ、入りましょう。」
雪子さん「あらまあ、もう 閉まっていますね。」

花子さん「ガイドブックには５時まで 開いている と 書いてある のに
　　　　　もう 閉まっています。」
雪子さん「私は 本当に今日は 失敗 ばかりしています。今朝 新しい パソ
　　　　　コン で山口さん に メールを 送りたかったですが、パソコン
　　　　　の『入門ガイド』を三回読んだ のに できませんでした。それで
　　　　　遅くなったから 食事の 時間が なくなって しまいました。」
花子さん「じゃあ、あそこ のレストランで 食事を しましょうか。」
雪子さん「でも急いで 家を 出たから お金を 忘れて来て しまいました。」
花子さん「それは 問題では ありません。貸してあげるから いい です
　　　　　よ。」
雪子さん「どうも、すみません。」

2) Lesen Sie die Sätze.
1.　お祖母さんの写真は壁に掛かっています。
2.　田中先生にいただいた万年筆でよく書いています。
3.　恵里子さんは今音楽を聞いています。

3a) Schreiben Sie die folgenden Wörter mit Kanji.
かべ、かかる、まんねんひつ、しっぱい、まよう、おくる、おんがく

3b) Wie lauten die anderen Lesungen der Kanji?

第二十課 Lektion 20

仮、信、売、宛、幣、投、替、硬、納、試、販、貨、購、領、額

hiragana 平仮名 Hiragana (japanische Silbenschrift)	
仮	KA kari: vorläufig, provisorisch, probeweise
イ 9 (6)	イ 亻 仮 仮

shinjiru 信じる glauben	
信	SHIN: Glaube, Vertrauen, Wahrheit SHIN(jiru): glauben
イ 9 (9)	イ 亻 信 信

hanbaichuu 販売中 (Verkauf/Verkaufsautomat) ist betriebsbereit, jidouhanbaiki 自動販売機 (Verkaufs-)Automat	
売	BAI u(ru): verkaufen u(reru): nachgefragt sein, bekannt sein; sich verkaufen
土 32 (7)	士 声 声 売

atena 宛名 Adresse, Anschrift	
宛	EN a(teru): (einen Brief) adressieren, richten an -ate: adressiert an
宀 40 (8)	宀 宀 宛 宛 宛

第二十課　Lektion 20

shihei 紙幣 Geldschein	
幣	HEI: Shinto-Opfer, Geld
巾 50 (15)	丷　肖　尚　敝　幣

tounyuu 投入 Einwurf	
投	TOU na(geru): werfen, schmeißen
扌 64 (7)	扌　扌　扩　投

ryougae 両替 Geldwechsel, ryougae suru 両替する Geld wechseln	
替	TAI ka(eru): wechseln, umtauschen, ersetzen ka(waru): wechseln ka(e): Ersatz, Umtausch
日 72 (12)	二　夫　扶　替

kouka 硬貨 Münze	
硬	KOU kata(i): hart, fest
石 112 (12)	石　矴　硬　硬

nattou 納豆 Natto, fermentierte Sojabohnen	
納	NOU, TOU, NA osa(meru): zahlen, liefern, annehmen, aufbewahren osa(maru): (ein)gezahlt/geliefert werden
糸 120 (10)	幺　糸　紀　納

shiken 試験 Prüfung	
試	SHI kokoro(miru): versuchen, ausprobieren kokoro(mi): Versuch
言 149 (13)	言 言 訂 試

hanbaichuu 販売中 (Verkauf/Verkaufsautomat) ist betriebsbereit, jidouhanbaiki 自動販売機 (Verkaufs-)Automat	
販	HAN: Verkauf, Handel
貝 154 (11)	目 貝 貝' 販

kouka 硬貨 Münze	
貨	KA: Reichtum, Besitz, Waren, Münze
貝 154 (11)	イ イ' 化 貨 貨

kounyuu suru 購入する kaufen	
購	KOU: kaufen, erwerben
貝 154 (17)	貝 貝十 貝土 貝冓 貝冓 購

juryoushou 受領証 Empfangsbestätigung, Quittung,	
領	RYOU: regieren, kontrollieren
頁 181 (14)	〃 令 領 領

kingaku 金額 Summe, Betrag, kaiagegaku 買上額 Kaufbetrag, okaiagegaku お買上額 Kaufbetrag (höflich), zangaku 残額 Restbetrag

額	GAKU: Summe, Betrag, Wert, Menge, Tabelle, Bild hitai: Stirn
頁 181 (18)	宀 宎 客 額 額

Lese- und Schreibübungen

1) Lesen Sie den Dialog.

ふみカードが使用できます

カイザーさん「おはよう ございます。」

山田さん「ああ、カイザーさん、お久しぶり ですね。お元気ですか。」

カイザーさん「お陰様で元気です。今朝 田中恵里子さんに 手紙を 書きました。」

山田さん「日本語で 書きましたか。」

カイザーさん「いいえ、恵里子さんは ドイツ語ができる からドイツ語で書きました。それで、花子さんに も 手紙を書くつもりでしたが、名字が わからない から電話帳で 彼女の 住所が 調べられません。」

山田さん「ああ そう ですか。私も 彼女の 名字を 知りません。」

カイザーさん「ところ で、漢字が 書けない から宛名を平仮名で書いてもいい でしょうか。」

山田さん「いい ですよ。」

カイザーさん「これから 切手を 買う ために 郵便局に行く つもり ですが、まだ 開いていますか。」

山田さん「いいえ、もう 閉まっていますが、郵便局の前に自動販売機が あり ます。そこ で切手が 買えます。私も 切手を買うつもりですから 一緒に 行きましょうか。」

カイザーさん「ああ、これ は 切手と はがき の自動販売機ですか。便利ですね。ふみカードが 使えますか。」

山田さん「ええ、ふみカードで 購入できます。」

郵便切手・はがき
販売中ふみカードが使用できます

①カードまたは硬貨・紙幣を入れてください	投入金額 お買上額 残額	
②購入したい切手・はがきを選んでください	カード	硬貨
③枚数を選んでください	とりけし	
ふみカードが購入できます	１０００円札	
ふみカードを使用してふみカードを購入することはできません	カード 硬貨または紙幣を入れて上のボタンを押してください	

切手・カード　はがき	おつり・受領証

カイザーさん「購入できる と言う の は買える と言う 意味ですか。」
山田さん「はい そう です。」
カイザーさん「あら、ふみカードを 忘れてしまいました。硬貨や紙幣も使えますか。」
山田さん「ええ、もちろん 使えます。」
カイザーさん「この漢字が 読めません が、何と書いてありますか。」
山田さん「使用できます。使えると言う 意味です。」
カイザーさん「では、お金を入れて ボタンを 押すと切手が 出てきますか。」
山田さん「はい、そうです。受領証も 出てきます。」
カイザーさん「どうも ありがとう ございました。ところで、これから会社に 行く つもり ですか。」
山田さん「ええ、今日 は土曜日 なのに その つもりです。月曜日のミーティングの準備をする ために 行かなければ なりません。」

第二十課　Lektion 20

2) Lesen Sie die Sätze.
1. シュミットさんは漢字があまり上手に書けないから山口さんに手伝ってもらいます。
2. 本当ですか。信じられないですね。
3. 郵便局で両替できますか。
4. お寿司と納豆を食べるためにあの有名な日本のレストランに行くつもりです。
5. 来週の日本語の試験を準備するために毎日大学の図書館で勉強をしています。

3a) Schreiben Sie die folgenden Wörter mit Kanji.
ひらがな、しんじる、じどうはんばいき、はんばいちゅう、うる、あてな、しへい、りょうがえ、こうか、こうにゅうする、とうにゅう、しけん、じゅりょうしょう、きんがく、なっとう

3b) Wie lauten die anderen Lesungen der Kanji?

第二一課 Lektion 21

由、伯、創、労、叔、啓、娘、嬢、宜、慣、拝、敬、族、旦、
是、甥、略、疲、祈、程、組、虫、解、設、誤、那、非

yumiko 由美子 (Frauenname)	
由	YUU, YU yoshi: Grund, Ursache, Bedeutung yo(ru): abhängig sein von, beruhen auf
亅 2, 田 102 (5)	丨 冂 冋 由

oba 伯母 Tante (ältere Schwester der Mutter oder des Vaters); obasan 伯母さん höflicher als *oba*	
伯	HAKU: Graf, Onkel (älterer Bruder des Vaters oder der Mutter), Tante (ältere Schwester der Mutter oder des Vaters), älterer Bruder, Chef
亻 9 (7)	亻 亻' 伯 伯

sousetsu 創設 Gründung, sousetsu suru 創設する gründen	
創	SOU: Erschaffung, Gründung; Wunde, Verletzung
刂 18 (12)	𠆢 仺 仓 倉 創

roudousha 労働者 Arbeiter, roudoukumiai 労働組合 Arbeitergewerkschaft	
労	ROU: Arbeit, Anstrengung, Mühe ROU(suru): hart arbeiten, ermüden ita(waru): sich kümmern um, freundlich sein zu
力 19 (7)	丷 𭕄 学 労

第二一課 Lektion 21

oji(san) 叔父(さん) Onkel (höflich) (jüngerer Bruder der Mutter oder des Vaters), oba(san) 叔母(さん) Tante (höflich) (jüngere Schwester der Mutter oder des Vaters)	
叔	SHUKU: Onkel, Tante (jüngere Geschwister der Eltern)
又 29 (8)	丨 卜 十 求 叔

haikei 拝啓 Begrüßungsfloskel am Anfang eines Briefes	
啓	KEI: öffnen, sagen
口 30 (11)	ヨ 戸 啟 啓

musume(san) 娘(さん) Tochter	
娘	ROU, JOU musume: Tochter, Mädchen
女 38 (10)	女 女ㄱ 娘 娘

ojousan お嬢さん Tochter (respektvoll)	
嬢	JOU: Tochter, junge Dame
女 38 (16)	女 女广 嬢 嬢 嬢

... ni mo yoroshiku otsutae kudasai. ...にも宜しくお伝え下さい。 Bestellen Sie ... schöne Grüße!	
宜	GI yoro(shii): gut, richtig, passend
宀 40 (8)	宀 宁 宜 宜

L 22: yoroshii 宜しい gut (höflicher als *ii*, *yoi*)

shuukan 習慣 Sitte, Gewohnheit	
慣	KAN na(reru): sich gewöhnen na(rasu): gewöhnen, zähmen
↑ 61 (14)	忄 忙 忡 忡 慣 慣

haikei 拝啓 Begrüßungsfloskel am Anfang eines Briefes	
拝	HAI oga(mu): anbeten, verehren
扌 64 (8)	扌 扩 拝 拝

L 24: haiken suru 拝見する sehen (bescheiden)

keigu 敬具 Grußfloskel am Ende eines Briefes	
敬	KEI uyama(u): ehren, achten
攵 66 (12)	艹 芍 苟 敬

kazoku 家族 Familie	
族	ZOKU: Familie, Verwandte, Stamm
方 70 (11)	方 扩 旌 族

danna(san) 旦那(さん) Ehemann, gantan 元旦 der Neujahrstag	
旦	TAN: Morgen
日 72 (5)	丨 冂 日 旦

zehi 是非 auf jeden Fall, unbedingt	
是	ZE: richtig, gerecht kono, kore: dies, dieser
日 72 (9)	曰 旱 旱 是

oi 甥 Neffe, oigosan 甥ごさん Neffe (höflich)	
甥	SEI, SOU oi: Neffe
生 100 (12)	丿 牛 甥 甥 甥 甥

zenryaku 前略 Grußfloskel am Anfang eines Briefes, weniger formell als *haikei*	
略	RYAKU: Auslassung, Abkürzung, Plan hobo: fast, im Allgemeinen, größtenteils
田 102 (11)	川 田 畋 略

tsukareru 疲れる ermüden, tsukarete iru 疲れている erschöpft sein	
疲	HI tsuka(reru): ermüden tsuka(rete iru): erschöpft sein
疒 104 (10)	广 疒 疒 疖 疲

... (nararemasu) you ni oinori shimasu ... (なられます)ようにお祈りします Ich hoffe, dass ...; Ich bete dafür, dass ...	
祈	KI ino(ru): beten, hoffen
礻 113 (8)	宀 礻 祈 祈

hodo 程 ungefähr, Ausmaß	
程	TEI hodo: ungefähr, Maß, Ausmaß
禾 115 (12)	禾 秆 秆 程

roudoukumiai 労働組合 Arbeitergewerkschaft	
組	SO kumi: Set, Zunft, Gruppe ku(mu): zusammenpassen, zusammensetzen
糸 120 (11)	糸 糹 紅 組

mushi 虫 Wurm, Insekt	
虫	CHUU mushi: Wurm, Insekt
虫 142 (6)	口 中 虫 虫

gokai 誤解 Missverständnis	
解	GE, KAI: Erklärung, Antwort, Rechtfertigung KAI(suru): auslegen, verstehen, interpretieren to(ku): lösen, erklären to(keru): sich lockern, nachlassen, sanfter werden, verschwinden to(kasu): auflockern, kämmen hodo(ku): aufmachen, entwirren waka(ru): verstehen
角 148 (13)	角 角 解 解 解

sousetsu 創設 Gründung, sousetsu suru 創設する gründen	
設	SETSU mou(keru): versehen mit, vorbereiten, möblieren, ausrüsten, gründen
言 149 (11)	言 言 訳 設

gokai 誤解 Missverständnis	
誤	GO ayama(ru): sich irren, einen Fehler machen ayama(ri): Fehler, Irrtum
言 149 (14)	言 訁 誤 誤 誤

danna(san) 旦那(さん) Ehemann	
那	NA: was, was für ein, welch
阝 163 (6)	丁 ヨ 刃 那 那

zehi 是非 auf jeden Fall, unbedingt	
非	HI: Fehler, Irrtum, Unrecht; (negatives Präfix:) un-, nicht-, anti-, miss- ara(zu): nicht sein
非 175 (8)	ノ 扌 刲 非

Lese- und Schreibübungen

1) Lesen Sie den Text.

明子さんからの手紙

3月5日

拝啓
　もう春になりましたが、まだ寒い日が続いています。シューマンさんはお元気ですか。きれいなお葉書をいただきましてどうもありがとうございました。
　先週の日曜日は母の誕生パーティーでした。もう70才になりました。シューマンさんのお母さんはおいくつですか。私達は12人で駅の近くのレストランで食事をしました。甥と姪は歌を歌いました。北海道に住んでいる叔父と叔母も1年ぶりで東京に来ました。叔父はとても忙しいのでなかなか来られません。いとこの家族も北海道に住んでいます。
　食事の後で散歩しました。散歩する時、いつもシューマンさんのお姉さんのことを思い出します。なぜならばシューマンさんのお姉さんが、ドイツ人は2時間程散歩する習慣があるとおっしゃったからです。私は本当にびっくりしました。
　お父さんの具合はいかがですか。まだ入院中ですか。早くお元気になられますようにお祈りします。

　では、お体に気をつけてください。ご主人にも宜しくお伝え下さい。

敬具

吉田明子

2) Lesen Sie die Sätze.
1. 田中由美子さんは毎日遅くまで残業しなければならないので疲れています。
2. 手紙を書く時「前略」と「早々」と書きます。
3. 旦那さんにも宜しくお伝え下さい。
4. 虫が入らないように窓を全部閉めて下さい。
5. 伯母さんのお誕生日は4月14日ですか。
6. 娘は労働組合の創設に興味があるから賀川豊彦(かがわとよひこ)が書いた本をたくさん読んでいます。
7. お嬢さんは古い本が読めますか。
8. 誤解がないように明日もう一度川田課長と話すつもりです。
9. 是非また遊びに来て下さい。

3a) Schreiben Sie die folgenden Wörter mit Kanji.
ゆみこ、おばさん、おじ、むすめ、おじょうさん、かぞく、だんなさん、おいごさん、そうせつ、ろうどうくみあい、はいけい、けいぐ、ぜんりゃく、よろしく、しゅうかん、ごかい、ぜひ、むし、つかれる、いのる、ほど

3b) Wie lauten die anderen Lesungen der Kanji?

第二二課 Lektion 22

値、僕、割、加、参、宿、暖、棒、段、泥、愛、絡、訪、財、連、鉄、鍵

nedan 値段 Preis	
値	CHI ne, atai: Wert, Preis
亻 9 (10)	亻 亻゛亻゛ 値 値

boku 僕 ich	
僕	BOKU: ich (Männersprache) shimobe: Diener, Knecht
亻 9 (14)	亻" 亻" 亻" 僕 僕

waribiki 割引 Ermäßigung	
割	KATSU wa(ru): teilen, brechen, trennen wa(reru): sich teilen, sich spalten, bersten, zerspringen wari: 10%, Anteil, Rate, Verhältnis, Wechselbeziehung wari(ni): vergleichsweise sa(ku): zerreißen, schneiden, teilen, abgeben
刂 18 (12)	宀 宀 中 害 割

sanka 参加 Teilnahme	
加	KA kuwa(eru): addieren, hinzufügen, vergrößern kuwa(waru): sich anschließen, eintreten
力 19 (5)	丁 力 加 加

第二二課 Lektion 22

sanka 参加 Teilnahme	
参	SAN: teilnehmen, (sich) beraten; ungleich, drei SAN(zuru), SAN(jiru): gehen, kommen mai(ru): gehen, kommen (bescheiden), 　　zu einem Shinto-Schrein gehen; besiegt werden, unterliegen, 　　sich ergeben
ム 28 (8)	亠　垒　夅　参

shinjuku 新宿 (Stadtteil von Tokyo)	
宿	SHUKU yado: Herberge, Unterkunft yado(ru): anhalten, Quartier nehmen, übernachten yado(su): beherbergen
宀 40 (11)	宀　宀　宿　宿　宿

atatakai 暖かい warm	
暖	DAN atata(kai): warm atata(meru): er-/aufwärmen atata(maru): warm werden, sich erwärmen
日 72 (13)	日　日＾　日＾＾　暖　暖

dorobou 泥棒 Einbrecher, Dieb	
棒	BOU: Stock, Stange
木 75 (12)	木　栌　栟　棒

nedan 値段 Preis	
段	DAN: Stufe, Treppe, Grad, Spalte, Kolumne, Abschnitt
殳 79 (9)	厂　㲿　㕁　段

Lektion 22

dorobou 泥棒 Einbrecher, Dieb	
泥	DEI, DETSU doro: Schlamm, Dreck, Kot nazu(mu): kleben an, haften an
氵 85 (8)	氵 沪 沪 泥

ai 愛 Liebe, ai suru 愛する lieben	
愛	AI: Liebe AI(suru): lieben
爪 87, 心 61 (13)	爫 严 恶 愛 愛

renraku 連絡 Verbindung, renraku suru 連絡する sich in Verbindung setzen, sich melden	
絡	RAKU kara(mu), kara(maru): umranken, sich verwickeln
糸 120 (12)	幺 糸 紗 終 絡

tazuneru 訪ねる besuchen	
訪	HOU to(u), tazu(neru): besuchen, sich erkundigen, fragen otozu(reru): besuchen, aufsuchen
言 149 (11)	言 訂 訪 訪

saifu 財布 Portemonnaie	
財	ZAI, SAI: Geld, Besitz, Wohlstand
貝 154 (10)	目 貝 財 財

第二二課　Lektion 22

renraku 連絡 Verbindung, renraku suru 連絡する sich in Verbindung setzen, sich melden	
連	REN: Gruppe, Begleitung tsura(neru): verbinden tsura(naru): verbunden werden mit, in einer Reihe stehen tsu(reru): begleiten; tsu(re): Begleiter
辶 162 (9)	冖　亘　車　連

chikatetsu 地下鉄 U-Bahn	
鉄	TETSU: Eisen
金 167 (13)	亼　金　鈩　鉄

kagi 鍵 Schlüssel	
鍵	KEN kagi: Schlüssel
金 167 (17)	金　金ヨ　金ヨ　鉡　鍵　鍵

Lese- und Schreibübungen

1) Lesen Sie den Dialog.

会社が 休めれば 私も 行きたい です
グリムさん「これは ガイドブック ですか。」
田中さん「ええ、京都に 行く つもりです。」
グリムさん「いい ですね。京都は 日本の 一番 きれい な 町だと 思います。」
川田さん「じゃあ、グリムさん、一緒に 旅行しましょうか。」
グリムさん「そうですね。会社が 休めれば 私も 行きたいです。いつ 行きますか。」
田中さん「4月29日から 5月5日 まで です。」
グリムさん「ああそう ですか。では、ゴールデンウイークなら 私も 行けます。もう 予約しましたか。」
川田さん「いいえ、まだです。」

グリムさん「ゴールデンウィークなら 早く 予約した 方が いい ですね。皆旅行しますから。」
田中さん「そうですね。いい 旅行会社を 知っていますか。」
川田さん「旅行会社なら 私が 働いている会社の 隣りに あります。明日 仕事が 終わったら 行ってみましょう。」
田中さん「宜しければ、お願いします。ところで 何で 行きましょうか。」
川田さん「飛行機は 一番 速いですが、夜行バスの方が 安いです。」
グリムさん「でも夜行バスで行く方が 新幹線で 行くより疲れます。それに、新幹線で 行けば 景色が 見えます。」
田中さん「新幹線で 行くと 乗り換えなければなりませんか。」
川田さん「いいえ、乗り換えなくてもいいです。」
グリムさん「では、値段が わかったら 決めましょう。」
田中さん「そうですね。旅行会社から 帰ったら 私達に 連絡して下さい。」
川田さん「ええ、わかりました。」

2) Lesen Sie die Sätze.
1. 新宿に行くなら地下鉄はバスより速いと思います。
2. 川田さんは家に帰ったら泥棒がいました。
3. 山口さんが参加すれば僕も参加したいです。
4. 割引なら駅の左にある旅行会社に行って田中さんに聞いて下さい。
5. 泥棒が入らないように家を出る時ドアに鍵を閉めて下さい。
6. 道子さんをそんなに愛しているなら彼女に手紙を書いた方がいいと思います。
7. 橋本先生のお宅を訪ねたら奥さんにも宜しくお伝え下さい。
8. 北海道に行くなら暖かい洋服を忘れないで下さい。
9. 雪子さんは昨日地下鉄の中で財布を取られました。

3a) Schreiben Sie die folgenden Wörter mit Kanji.
ねだん、わりびき、さいふ、ぼく、あいする、さんか、しんじゅく、れんらく、たずねる、あたたかい、とろぼう、ちかてつ、かぎ

3b) Wie lauten die anderen Lesungen der Kanji?

第二三課 Lektion 23

困、孫、怒、河、泣、深

komaru 困る in Schwierigkeiten geraten, in Verlegenheit sein		
困		KON koma(ru): in Schwierigkeiten geraten, in Verlegenheit sein, ratlos sein, leiden
口 31 (7)		冂 冃 困 困

mago 孫 Enkelkind		
孫		SON mago: Enkel
子 39 (10)		孑 孒 孫 孫

okoru 怒る ärgerlich werden, sich ärgern		
怒		DO oko(ru), ika(ru): ärgerlich werden, sich ärgern
心 61 (9)		女 奴 怒 怒

fukai kawa 深い河 tiefer Fluss		
河		KA kawa: (großer) Fluss
氵 85 (8)		氵 氵 河 河

naku 泣く weinen	
泣	KYUU na(ku): weinen
氵 85 (8)	氵 氵 泣 泣

fukai kawa 深い河 „Tiefer Fluss"	
深	SHIN fuka(i): tief, bedeutend fuka(meru): vertiefen, intensivieren, stärken fuka(maru): tiefer werden
氵 85 (11)	氵 氵 氵 深 深

Lese- und Schreibübungen

1) Lesen Sie den Dialog.

よく 課長に 残業を させられています

花子「遅くまで 働きますね。」

雪子「ええ、今日は 早く 帰りたかった のに、また 田中課長に 遅くまで 残業を させられました。」

花子「課長さんは よく 雪子さんに 残業をさせますか。」

雪子「そう ですね。去年 会社に 入ってから 毎週 三回ぐらい 残業しなければなりません。花子さんは。」

花子「私は ほとんど 残業しませんが、私の 仕事は あまり 面白くありません。例えば ほかの 社員に コピーを させられます。ところで、明日 映画を 見に 行きましょうか。」

雪子「いい ですね。何を 見ましょうか。」

花子「駅の 近く にある 小さい映画館で 『深い河』を やっています。この 映画を 知っていますか。」

雪子「ええ、5年前に 見ましたが、この 映画を 見てから 色々な ことについて 考えさせられた ので もう 一度見たいと 思っています。」

花子「ああ、そうですか。私は 中学生の 時に 先生に 遠藤周作(えんどうしゅうさく)の 小説を 読ませられました。その時 はあまり 面白くないと 思いましたが、最近彼の 本が とても 好き になりました。」

第二三課　Lektion 23

2) Lesen Sie die Sätze.
1.　孫が泣いて、お祖父さんが困りました。
2.　田中さんはなぜ怒りましたか。

3a) Schreiben Sie die folgenden Wörter mit Kanji.
こまる、まご、おこる、ふかいかわ、なく

3b) Wie lauten die anderen Lesungen der Kanji?

第二四課 Lektion 24

申、伺、係、席、敵、松、締、差、般、記、鞄

mousu 申す heißen, sagen (bescheiden)	
申	SHIN mou(su): sagen, heißen
亅 2, 田 102 (5)	丨 冂 日 申

ukagau 伺う fragen, besuchen (höflich)	
伺	SHI ukaga(u): besuchen; fragen, sich erkundigen
亻 9 (7)	亻 伂 伂 伺

kakarichou 係長 Sachgebietsleiter	
係	KEI kaka(ru): betreffen, angehen kakari: Amt, Pflicht; Verantwortlicher, zuständige Person
亻 9 (9)	亻 伇 俘 俘 係

seki 席 Platz, Sitzplatz	
席	SEKI: Sitz, Platz
广 53, 巾 50 (10)	亠 广 庐 庐 席

第二四課　Lektion 24

suteki 素敵 hübsch		
敵	**TEKI** kataki: Feind, Gegner, Konkurrent	
攵 66 (15)	亠　啇　商　商　敵	

matsumoto 松本 (Name), muramatsu 村松 (Name)		
松	**SHOU** matsu: Kiefer	
木 75 (8)	十　木　松　松	

torishimariyaku 取締役 Direktor (Vorstandsmitglied)		
締	**TEI** shi(meru): festschnüren, zusammenschnüren shi(maru): sich schließen	
糸 120 (15)	糸　紅　紵　締　締	

sashiageru 差し上げる geben, schenken (bescheiden)		
差	**SA**: Unterschied sa(su): die Hände erheben; (hinein)stecken	
羊 123, 工 48 (10)	䒑　产　羊　差　差	

ippan-shain 一般社員 Angestellter		
般	**HAN**: tragen; alles, allgemein	
舟 137 (10)	力　舟　舟　般	

ippan 一般 allgemein

kinyuu suru 記入する ausfüllen (z.B. Formulare)	
記	KI shiru(su): aufschreiben, notieren
言 149 (10)	亠 言 言 訂 記

kaban 鞄 (Akten-) Tasche	
鞄	HAKU, HOU, BYOU kaban: Koffer, Tasche, Aktentasche
革 177 (14)	廿 苴 靮 靮 靮 鞄

Lese- und Schreibübungen

1) Lesen Sie den Dialog.

もしもし

社員「もしもし、AB社でございます。」

シューマンさん「シューマンと申しますが、田中さんはいらっしゃいますか。」

社員「田中は今ちょっと出かけておりますが、何かお伝えすることがありますか。」

シューマンさん「もし田中さんのご都合がよければ明日午後5時半に鎌倉駅の改札口でお待ちしていますとお伝え下さい。」

社員「かしこまりました。シューマンさんは明日5時半に鎌倉駅の改札口で田中とお会いになるということですね。改札口は一つですか。」

シューマンさん「いいえ、二つありますが、この前田中さんが教えてくださった改札口です。」

社員「田中が戻ったらそのようにお伝えします。」

シューマンさん「宜しくお願いします。」

社員「シューマンさんは日本語がお上手ですね。」

シューマンさん「いいえ、大したことはありません。」

社員「大したものですよ。どちらからいらっしゃいましたか。」

シューマンさん「ドイツから参りました。」

社員「ああドイツの方でいらっしゃいますか。いつから日本にいらっ

第二四課　Lektion 24

しゃいますか。」
シューマンさん「2年前から 日本に住んで おります。」
社員「お住まいは 鎌倉ですか。」
シューマンさん「いいえ、横浜に住んでいます。ところで、田中さんの
　　　　　メールアドレスを教えて いただけませんか。」
社員「はい、少々お待ち下さい。田中が 戻ってまいりました。」

2) Lesen Sie die Sätze.
1. これは素敵なコートです。高かったでしょう。
2. 「松本さんのお父さんは部長ですか。」「いいえ、村松さんのお父さんは部長です。松本さんのお父さんは取締役だと思います。」
3. 「川田さんは一般社員ですか。」「いいえ、去年の四月から係長です。」
4. 先生の鞄をお持ちしましょうか。
5. 私は漢字があまり上手ではないのでこの用紙に会社の名前と住所を書いていただけませんか。
6. 妹は先週川田先生のお宅に伺いました。
7. 質問がありますが、ちょっと伺ってもいいですか。
8. 「あの映画館は席がたくさんありますか。」「いいえ、あの映画館は小さくて、席はあまり多くないです。」
9. この本を橋本先生に差し上げます。

3a) Schreiben Sie die folgenden Wörter mit Kanji.
もうす、うかがう、さしあげる、かかりちょう、とりしまりやく、
いっぱんしゃいん、せき、きにゅうする、かばん、すてき、まつもと

3b) Wie lauten die anderen Lesungen der Kanji?

第二五課 Lektion 25

丸、同、南、点、鳴、園、声、室、岩、工、弓、形、戸、星、
林、汽、活、牛、王、玉、男、矢、石、竹、算、米、糸、細、
肉、船、英、草、西、貝、雲、馬、鳥、麦、黄

丸	GAN, maru maru(i): rund, kugelrund maru(meru): rund formen -maru: (Suffix für Schiffsnamen)
ノ 4, 乙 5 (3)	ノ 九 丸

同	DOU ona(ji): gleich
冂 13 (6)	丨 冂 冂 同

南	NAN minami: Süden
十 24 (9)	十 市 宀 南

点	TEN: Punkt
卜 25, 灬 86 (9)	丨 卜 占 点

鳴	MEI na(ku): bellen, zwitschern, zirpen (u.a.Tierlaute) na(ru): ertönen, zu hören sein (Donner, Klingel, Echo usw.) na(rasu): ertönen/erklingen lassen (Klingel, Trommel usw.)
口 30, 鳥 196 (14)	口 叩 鳴 鳴

第二五課　Lektion 25

kouen 公園 Park		
園	EN sono: Park, Garten	
口 31 (13)	冂 冃 周 園 園	

	SEI koe: Stimme, Ton, Schrei	
声		
士 32 (7)	士 吉 吉 声	

washitsu 和室 Zimmer im japanischen Stil		
室	SHITSU: Raum, Zimmer muro: Keller, Gewächshaus	
宀 40 (9)	宀 宂 宓 室	

	GAN iwa: Fels	
岩		
山 46 (8)	山 屵 屵 岩	

daiku 大工 Zimmermann		
工	KU, KOU: Bau, Bauen, Arbeit, Handwerker takumi: Handwerker, Zimmermann taku(mu): planen	
工 48 (3)	一 丁 工	

	KYUU yumi: Bogen, Bogenschießen, Geigenbogen	
弓		
弓 57 (3)	㇇ ㇌ 弓	

形	KEI, GYOU kata katachi: Form, Gestalt, Erscheinung
彡 59 (7)	二 于 开 形

戸	KO: Haus, Tür, Familie, ZEW für Häuser to: Tür
戸 63 (4)	一 ヨ 戸

星	SEI, SHOU hoshi: Stern, Fleck, Punkt, Zeichen
日 72 (9)	曰 旦 昇 星

林	RIN hayashi: Wald, Forst, Gehölz
75 (8)	十 木 村 林

kisen 汽船 Dampfer

汽	KI: Dampf
氵 85 (7)	氵 氵 沪 汽

seikatsu 生活 Leben, Alltag

活	KATSU: Wiederbelebungskunst, Leben, Aktivität i(kiru): leben
氵 85 (9)	氵 氵 汗 活

第二五課　Lektion 25

gyuuniku 牛肉 Rindfleisch		
牛	GYUU, GO: Rindfleisch, Rind ushi: Kuh, Rind
牛 93 (4)	ノ 𠂉 ⸦ 牛

ou-sama 王様 König		
王	OU: König, Herrscher
王 96 (4)	一 丅 王 王

	GYOKU: Edelstein, Juwel tama: Ball, Juwel
玉	
玉 96 (5)	一 丅 王 玉

otoko no ko 男の子 Junge		
男	DAN: Baron, Mann NAN: ZEW für Söhne otoko: Mann, männlich
田 102 (7)	冂 田 甼 男

矢	SHI ya: Pfeil
矢 111 (5)	𠂉 ⸦ 午 矢

石	SEKI ishi: Stein
石 112 (5)	一 丆 石 石

竹	CHIKU take: Bambus
竹 118 (6)	ノ 𠂉 𥫗 竹

keisan 計算 Rechnen

算	SAN: Zahl, Rechnen
竹 118 (14)	𥫗 筲 筸 算

米	BEI, MAI kome: Reis BEI: Amerika
米 119 (6)	⺍ 丷 半 米

糸	SHI ito: Faden, Angelleine, Saite
糸 120 (6)	𠂉 幺 糸 糸

細	SAI hoso(i): schmal, fein, dünn hoso(ru): dünner werden koma(kai): klein, genau, ausführlich
糸 120 (11)	糸 糾 細 細

gyuuniku 牛肉 Rindfleisch

肉	NIKU: Fleisch, Muskeln
肉 130 (6)	丨 冂 内 肉

kisen 汽船 Dampfer		
船	SEN, funa fune: Boot, Schiff	
舟 137 (11)	冂 舟 舡 船	

eigo 英語 Englisch (Sprache)		
英	EI: England, englisch, begabt	
艹 140 (8)	艹 艹 芒 苎 英	

草	SOU kusa: Gras, Kräuter, Pflanzen	
艹 140 (9)	艹 芒 苩 草	

seibu amerika 西部アメリカ der Westen Amerikas		
西	SEI, SAI nishi: Westen	
西 146 (6)	一 冂 西 西	

貝	BAI kai: Muschel, Schalentier	
貝 154 (7)	丨 冂 目 貝	

雲	UN kumo: Wolke	
雨 173 (11)	宀 帀 雫 雫 雲	

馬	BA, MA, ME uma: Pferd
馬 187 (10)	丨 厂 厈 馬 馬

鳥	CHOU tori: Vogel
鳥 196 (11)	「 冖 户 鳥 鳥

麦	BAKU mugi: Getreide, Weizen, Hafer, Gerste, Roggen
麦 199 (7)	十 圭 耂 麦

kiiro 黄色 Gelb	
黄	KOU, OU ki: gelb
黄 201 (11)	艹 芇 苔 黄

Lese- und Schreibübungen

1) Lesen Sie die Sätze.

1. 「川田さんは一昨日大阪で弓を買いました。」「川田さんは弓と矢を買いましたか。」「いいえ、バイオリンの弓と糸を買いました。」
2. 「雲が多いから星が見えません。」「そうでうね。昨夜星は本当にきれいでした。」
3. 「牛肉が好きですか。」「はい、高いのによく食べます。」
4. 林先生をご存知ですか。
5. 木村さんの赤ちゃんは女の子ですか。男の子ですか。
6. 何年間学校で英語を勉強しましたか。
7. この椅子は竹で作られましたか。
8. 「バナナの色はなんですか。」「黄色です。」

9. ここはうるさいから大きな声で話して下さい。
10. 来週船で南の国に行くつもりです。
11. あの木の上に鳴く鳥を見ましたか。
12. あなたの国では麦と米とどちの方がよく食べられていますか。
13. この草は私の馬のためです。
14. 「イエスは大工さんの息子でしたか。」「ええ、大工の息子でした。」
15. 田中さんと夫の友達は同じ会社で働いています。
16. この点についてどう思いますか。
17. 田村さんは計算が上手ですね。
18. シュミットさんは日本ではいつも和室に泊まりたがります。
19. 「アメリカの西をご存知ですか。」「いいえ、西部アメリカは知りません。東だけ知っています。」
20. 中山さんは3ヶ月前に赤ちゃんが生まれたのに細いですね。
21. 「ホテルから見える山の形は丸いです。」「本当ですか。」
22. 去年の夏 旅行した時汽船に乗りました。
23. あそこの海には岩が多いです。
24. 「散歩しましょうか。」「ええ、公園に行きましょう。」
25. お金がないと生活は大変でしょう。
26. この貝を姉からもらいました。彼女は先週の日曜日友達と一緒に海にいきました。
27. 子供の時よく父にグリム兄弟の童話を読んでもらいました。王様の話しが好きでした。
28. 「それは普通な石ですか。」「いいえ、高い玉ですよ。」
29. 戸を閉めてください。

2a) Schreiben Sie die folgenden Wörter mit Kanji.
おとこ、えいご、はやし、くさ、たけ、かい、おう、たま、いし、いと、くも、その、こうえん、せいかつ、きせん、まるい、いわ、ゆみ、うし、かたち、と、たくみ、きいろ、ほそい、けいさん、や、むろ、にし、こえ、ほし、ふね、とり、てん、おなじ、みなみ、にく、うま、むぎ、こめ、なく

2b) Wie lauten die anderen Lesungen der Kanji?

Die Radikale

1 Strich
一 1
丨 2
丶 3
丿 4
乙 5
亅 6

2 Striche
二 7
亠 8
人 9
亻 (9)
入 9
儿 10
入 11
八 12
丷 (12)
冂 13
冖 14
冫 15
几 16
凵 17
刀 18
刂 (18)
力 19
勹 20
匕 21
匚 22
匸 23
十 24
卜 25
卩 26
厂 27
厶 28

又 29

3 Striche
口 30
囗 31
土 32
士 33
夂 34
夊 35
夂 (35)
夕 36
大 37
女 38
子 39
宀 40
寸 41
小 42
⺌ (42)
尢 43
尸 44
屮 45
山 46
巛 (47)
工 48
己 49
巳 (49)
巾 50
干 51
幺 52
广 53
廴 54

廾 55
弋 56
弓 57
彐 58
旦 (58)
彡 59
彳 60
忄 (61)
扌 (64)
氵 (85)
犭 (90)
艹 (140)
辶 (162)

4 Striche
心 61
忄 (61)
戈 62
戶 63
手 64
扌 (64)
支 65
攴 66
攵 (66)
文 67
斗 68
斤 69
方 70
无 71
旡 (71)
日 72
曰 73
月 74
木 75
欠 76

止 77
歹 78
殳 79
毋 80
母 (80)
比 81
毛 82
氏 83
气 84
水 85
氺 (85)
氵 (85)
火 86
灬 (86)
爪 87
父 88
爻 89
爿 90
爿 (90)
片 91
牙 92
牛 93
牜 (93)
犬 94
犭 (94)
王 (96)
疋 (103)
耂 (125)
月 (130)
艹 (140)

5 Striche
旡 (71)

母 (80)
比 (81)
氺 (85)
牙 92
牙 (92)
玄 95
玉 96
王 (96)
瓜 97
瓦 98
甘 99
生 100
用 101
田 102
疋 103
疒 104
癶 105
白 106
皮 107
皿 108
目 109
矛 110
矢 111
石 112
示 113
礻 (113)
禸 (114)
禾 115
穴 116
立 117
罒 (122)
⻖ (138)
衤 145

Liste der Radikale – 部首

6 Striche
竹 118
米 119
糸 120
缶 121
网 122
罒 (122)
羊 123
⺶ (123)
羽 124
老 125
耂 (125)
而 126
耒 127
耳 128
聿 129
肉 130
月 (130)
臣 131
自 132
至 133
臼 134
舌 135
舛 136
舟 137
艮 138
⺹ (138)
色 139
艸 140
艹 (140)
艹 (140)
虍 141
虫 142
血 143
行 144

衣 145
衤 (145)
西 146

7 Striche
臣 (131)
舛 (136)
見 147
角 148
言 149
谷 150
豆 151
豕 152
豸 153
貝 154
赤 155
走 156
足 157
𧾷 (157)
身 158
車 159
辛 160
辰 161
辵 162
辶 (162)
辶 (162)
邑 163
阝 (163)
酉 164
釆 165
里 166
長 (168)
麦 (199)

8 Striche
金 167
長 168

門 169
阜 170
阝 (170)
隶 171
隹 172
雨 173
⻗ (173)
青 174
靑 (174)
非 175
食 (184)
齊 (210)

9 Striche
面 176
革 177
韋 178
韭 179
音 180
頁 181
風 182
飛 183
食 184
飠 (184)
首 185
香 186

10 Striche
韋 (178)
馬 187
骨 188
高 189
髙 (189)
髟 190
鬥 191
鬯 192
鬲 193

鬼 194
竜 (212)

11 Striche
髙 (189)
魚 195
鳥 196
鹵 197
鹿 198
麦 (199)
麻 200
黃 (201)
黑 (203)
亀 (213)

12 Striche
黃 201
黄 (201)
黍 202
黑 203
黒 (203)
黹 204
黽 (205)
鼎 (206)
齒 (211)

13 Striche
黽 205
鼎 206
鼓 207
鼠 208

14 Striche
鼓 (207)
鼻 209
齊 210
齐 (210)

15 Striche
齒 211

齒 (211)
竜 (212)
16 Striche
龍 212
竜 (212)
龜 213
亀 (213)
17 Striche
龠 214

Kanji-Liste – nach Radikalen sortiert

Radikal 1
一 **eins, horizontaler Strich**

一 L 6: mou ichido もう一度 noch einmal; L 7: ichi 一 eins; L 8: ichinichi 一日 ein Tag; L 9: issho ni 一緒に gemeinsam; L 13: ototoi 一昨日 vorgestern; L 15: ikkai 一回 einmal; L 18: hitotsu 一つ ein (allg. ZEW); hitori 一人 eine Person; L 22: ichiban 一番 erste/r/s; L 23: ichirou 一郎 Männername; L 24; ippan-shain 一般社員 Angestellter

万 L 7: man 万 zehntausend; L 19: mannenhitsu 万年筆 Füllfederhalter

三 L 7: san 三 drei; L18: mittsu 三つ drei (allg. ZEW)

下 L 5: shita 下 unten, unter; L 6; Ohairi kudasai. お入り下さい。 Kommen Sie bitte herein. L 8: kudari 下り Abstieg (Zug: aus Richtung Tokyo); L 10: heta 下手 unbegabt; L 16: Oori kudasai. お降り下さい。 höflicher als: Orite kudasai. L 16: sagaru 下がる zurückgehen, sinken; L 17: Omachi kudasai. お待ち下さい。 Bitte warten Sie. L 21: ... ni mo yoroshiku o tsutae kudasai. ...にも宜しく お伝え下さい。 Bestellen Sie ... schöne Grüße! L 22: chikatetsu 地下鉄 U-Bahn; L 24: kudasaru 下さる respektvolle Form von *kureru*

五 L 7: go 五 fünf; L 18: itsutsu 五つ fünf (allg. ZEW)

天 L 4: tenpura 天ぷら Tempura; L 9: tennou 天皇 Tenno

不 L 17: fuantei 不安定 unsicher, instabil

平 L 8: heijitsu 平日 Werktag; L 9: heisei 平成 Heisei (Devise der Jahreszählung seit 1989); L 20: hiragana 平仮名 Hiragana (japanische Silbenschrift)

正 L 9: oshougatsu お正月 Neujahr; taishou 大正 Taishō (Devise der Jahreszählung von 1912 bis 1926); L 13: tadashii 正しい richtig

百 L 7: hyaku 百 hundert

両 L 16: ryoushin 両親 Eltern; L 20: ryougae 両替 Geldwechsel, ryougae suru 両替する Geld wechseln

再 L 11: saraishuu 再来週 übernächste Woche; L 17: futatabi 再び erneut; saikidou (suru) 再起動 (する) (auf) Reset (drücken)

画 L 10: eiga 映画 Film

昼 L 8: hirugohan 昼ご飯 Mittagessen; L 8: hiruyasumi 昼休み Mittagspause

夏 L 9: natsu 夏 Sommer; L 11: natsuyasumi 夏休み Sommerferien

悪 L 10: warui 悪い schlecht

Radikal 2
丨 **vertikaler Strich, Stock**

中 L 2: tanaka 田中 (Name); nakayama 中山 (Name); L 5: naka 中 in; mannaka 真ん中 mitten in; L 8: chuuou-sen 中央線 Chuo-Linie; L 20: hanbaichuu 販売中

Kanji-Liste – nach Radikalen sortiert

	(Verkauf/Verkaufsautomat) ist betriebsbereit; L 21:nyuuinchuu desu 入院中です im Krankenhaus sein; L 23: chuugakusei 中学生 Mittelschüler
内	L 16: uchigawa 内側 Innenseite; shanai 車内 Wageninneres; L 21: uchi 内 innen; kanai 家内 (eigene) Ehefrau
央	L 8: chuuou-sen 中央線 Chuo-Linie
冊	L 18: satsu 冊 ZEW für Bücher, Hefte
由	L 21: yumiko 由美子 (Frauenname)
申	L 24: mousu 申す heißen, sagen (bescheiden)
本	L 3: hon 本 Buch; nihon 日本 Japan; nihongo 日本語 Japanisch; nihonjin 日本人 Japaner(in); L 4; honya 本屋 Buchladen; L 8: nihonbashi 日本橋 (Stadtteil von Tokyo); L 12: honshuu 本州 Honshu; L 14: hontou ni 本当に wirklich, tatsächlich; L 16: yamamoto 山本 (Name); L 17: hashimoto 橋本 (Name); L 18: hon 本 ZEW für lange, schmale Gegenstände; L 24: matsumoto 松本 (Name); honjitsu 本日 heute (höflich)
出	L 3: deguchi 出口 Ausgang; L 4: dasu 出す heraustun; deru 出る hinausgehen, hinausfahren; L 16: shuppatsu 出発 Abfahrt; L 20: dete kuru 出てくる herauskommen; L 21: omoidasu 思い出す sich erinnern an; L 22: dekakeru 出かける ausgehen, weggehen
州	L 12: honshuu 本州 Honshu; kyuushuu 九州 Kyushu
印	L 8: muin 無印 ohne Aufdruck; L 14: insatsu suru 印刷する drucken
曲	L 13: magaru 曲がる abbiegen
果	L 7: kudamono 果物 Obst
表	L 8: jikokuhyou 時刻表 Fahrplan; L 12: daihyouteki 代表的 repräsentativ, typisch; L 24: hyou 表 Tabelle, Liste

Radikal 3

ヽ Komma, Punkt

半	L 8: han 半 halb; L 14: hankaku 半角 Halbgeviertzeichen, Monobyte-Zeichen
求	L 16: seikyuusho 請求書 Rechnung
単	L 13: kantan 簡単 einfach, leicht
業	L 8: jugyou 授業 Unterricht; L 8: zangyou 残業 Überstunden

Radikal 4

ノ Kana *no*, Schrägstrich

九	L 7: kyu, kyuu 九 neun; L 12: kyuushuu 九州 Kyushu; L 18: kokonotsu 九つ neun (allg. ZEW)
丈	L 9: daijoubu 大丈夫 in Ordnung, OK
久	L 8: kurihama 久里浜 (Ortsname); L 20 Ohisashiburi desu ne. お久しぶりですね。 Wir haben uns lange nicht mehr gesehen.
丸	L 25: marui 丸い rund, kugelrund
千	L 7: sen 千 tausend; L 8: chiba 千葉 (Ortsname); gozen 午前 Vormittag; gogo 午後 Nachmittag
夫	L 6: fujin 夫人 Frau, Ehefrau von …;

少	L 16: sukoshi 少し etwas, ein bisschen; L 24: shoushou 少々 ein bisschen
失	L 2: shitsurei 失礼 Unhöflichkeit, 失礼します Entschuldigung! Ich bin unhöflich. L 17: ushinau 失う verlieren; L 19: shippai 失敗 Misserfolg, shippai suru 失敗する Misserfolg haben
危	L 10: abunai 危ない gefährlich; L 16: kiken 危険 Gefahr
年	L 9: toshi/nen 年 Jahr; kyonen 去年 letztes Jahr; gannen 元年 erstes Jahr nach der japanischen Jahreszählweise; kotoshi 今年 dieses Jahr; rainen 来年 nächstes Jahr; L18: bounenkai 忘年会 Jahresabschlussfeier; L 19: mannenhitsu 万年筆 Füllfederhalter; L 21: shinnen 新年 Neujahr, das neue Jahr; nengajou 年賀状 japanische Neujahrskarte
寿	L 4: sushi 寿司 Sushi; osushi お寿司 höflicher als *sushi*; L 18: chirashi-zushi ちらし寿司 Chirashi-Sushi
束	L 9: yakusoku 約束 Verabredung, Versprechen
承	L 7: uketamawaru 承る hören, einen Befehl entgegennehmen
来	L 2: kimashita 来ました ich bin gekommen; L 4: kuru 来る kommen; L 9: raishuu 来週 nächste Woche; rainen 来年 nächstes Jahr; raigetsu 来月 kommender Monat; L 11: saraishuu 再来週 übernächste Woche; L 15: motte kuru 持って来る (etw.) mitbringen
刷	L 14: insatsu suru 印刷する drucken
東	L 4: toukyou 東京 Tokyo; L 8: toukaidou-sen 東海道線 Tokaido-Linie; L 12: toukyou daigaku 東京大学 Universität Tokyo (auch: Todai)
乗	L 4: noru 乗る einsteigen, fahren mit; L 15: takushī-noriba タクシー乗り場 Taxistand; L 16: jousha 乗車 Mitfahrt, gojousha 御乗車 höflicher als *jousha*; norikaeru 乗り換える umsteigen
重	L 13: omoi 重い schwer (vom Gewicht)
勉	L 7: benkyou suru 勉強する lernen, studieren
島	L 12: shima 島 Insel; shimaguni 島国 Inselreich; L 13: hiroshima 広島 Hiroshima
彫	L 15: kamakurabori 鎌倉彫 Schnitz- und Lackarbeiten aus Kamakura
奥	L 5: oku 奥 hinten innen; L 6: okusan 奥さん Ehefrau; L 24: okusama 奥様 Gattin (höflicher als *okusan*)
劇	L 9: kokuritsugekijou 国立劇場 Nationaltheater
願	L 2: onegai shimasu お願いします bitte; ich bitte darum; Ich habe eine Bitte an Sie.

Radikal 5
乙 **der Zweite, Angelhaken**

七	L 7: nana/shichi 七 sieben; L 18:

nanatsu 七つ sieben (allg. ZEW)

Radikal 6
亅 Stock mit Feder, Haken

了 L 14: shuuryou suru 終了する beenden

才 L 12: sai 才 Zählwort für Alter; L 18: hatachi 20才 20 Jahre alt

予 L 11: yoyaku 予約 Reservierung, yoyaku suru 予約する reservieren

事 L 5: jimusho 事務所 Büro; L 6: kaji 火事 Feuer; L 7: shokuji 食事 Essen, Mahlzeit, shokuji wo suru 食事をする essen; L 8: shigoto 仕事 Arbeit; L 18: henji 返事 Antwort

Radikal 7
二 zwei

二 L 7: ni 二 zwei; futari 二人 zwei Personen; futatsu 二つ zwei (allg. ZEW); L 11: nijoujou 二条城 Schloss Nijojo; L 14: nikai 二回 zweimal

元 L 2: genki 元気 wohlauf; Ogenki desu ka. お元気ですか。Geht es Ihnen gut? L 9: gannen 元年 erstes Jahr nach der jap. Jahreszählweise; L 21: gantan 元旦 der Neujahrstag

Radikal 8
亠 Deckel, Topfdeckel, Briefbeschwerer

亡 L 12: nakusu 亡くす durch den Tod verlieren

六 L 7: roku 六 sechs; L 18: muttsu 六つ sechs (allg. ZEW)

市 L 12: zushi-shi 逗子市 die Stadt Zushi

主 L 4: shujin 主人 (mein) Ehemann; L 12: omona 主な hauptsächlich, Haupt-

充 L 18: juubun 充分 genug

交 L 5: kouban 交番 Polizeibox

忘 L 13: wasureru 忘れる vergessen; L 16: wasuremono 忘れ物 vergessene Gegenstände, Fundsachen; L 16: (o)wasuremono (お)忘れ物 höflicher als wasuremono; L 18: bounenkai 忘年会 Jahresabschlussfeier

京 L 4: toukyou 東京 Tokyo; L 10: kyouto 京都 Kyoto; L 12: toukyou daigaku 東京大学 Universität Tokyo (auch: Todai)

育 L 9: taiiku 体育 Sport, Gymnastik

夜 L 13: yoru 夜 Nacht; L 18: yuube 昨夜 gestern Abend; L 22: yakoubasu 夜行バス Nachtreisebus

変 L 14: henkan suru 変換する umwandeln, auswechseln; L 19: taihen 大変 sehr, schlimm, wichtig

Radikal 9
亻 へ 人 Mensch

人 L 3: doitsujin ドイツ人 Deutsche(r); ...jin ...人 Person eines Landes; nihonjin 日本人 Japaner(in); L 4: shujin 主人 (mein) Ehemann; L 6: fujin 夫人 Frau, Ehefrau von ...; L 7: futari 二人 zwei Personen; L 10: hito 人 Mensch; L10: gaijin 外人,

	gaikokujin 外国人 Ausländer; L 12: jinkou 人口 Bevölkerung, Einwohnerzahl; nin 人 ZEW für Menschen; L 17: kojinteki 個人的 persönlich; L 18: hitori 一人 eine Person; L 21: ninki 人気 beliebt		Mittagspause; L 11: natsuyasumi 夏休み Sommerferien; yasumi 休み Ferien
介	L 17: shoukai suru 紹介する (jmd.) vorstellen	会	L 3: kaisha 会社 Firma; L 4: au 会う treffen; L 8: kaigi 会議 Sitzung; L 18: bounenkai 忘年会 Jahresabschlussfeier; L 22: ryokougaisha 旅行会社 Reisebüro
化	L 9: bunka 文化 Kultur		
仏	L 15: daibutsu 大仏 großer Buddha	仮	L 20: hiragana 平仮名 Hiragana (japanische Silbenschrift)
今	L 2: konnichi wa 今日は guten Tag; konnichi 今日 heutzutage; konban wa 今晩は guten Abend; L 8: kyou 今日 heute; ima 今 jetzt; L 9: kongetsu 今月 dieser Monat; konshuu 今週 diese Woche; kotoshi 今年 dieses Jahr; L 24: kesa 今朝 heute Morgen	合	L 10: guai 具合 Befinden; L 17: baai 場合 Fall, Umstand; L 21: roudoukumiai 労働組合 Arbeitergewerkschaft; L 22: tsugou 都合 Gelegenheit, Zeit (haben)
		全	L10: anzen 安全 sicher; L 14: zenkaku 全角 Gevierzeichen; L 15; zenbu 全部 alles; L 17: zenzen 全然 gar nicht
仕	L 8: shigoto 仕事 Arbeit; L 16: shiageru 仕上げる erledigen, fertig stellen	佐	L 4: satou 佐藤 (Name)
		伺	L 24: ukagau 伺う fragen, besuchen (höflich)
代	L 12: daihyouteki 代表的 repräsentativ, typisch	伯	L 21: oba 伯母 Tante (ältere Schwester der Mutter oder des Vaters); obasan 伯母さん höflicher als *oba*
伎	L 9: kabuki 歌舞伎 Kabuki		
伊	L 12: izu 伊豆 (Ortsname)		
伝	L 14: tetsudau 手伝う helfen; L 21: tsutaeru 伝える mitteilen, überliefern; ... ni mo yoroshiku otsutae kudasai ...にも宜しくお伝え下さい。Bestellen Sie ... schöne Grüße!	住	L 4: sumu 住む wohnen; L 5: (ni) sunde iru (に)住んでいる wohnen (in); L 6: juusho 住所 Adresse; gojuusho ご住所 höflicher als *juusho*; L 24: osumai お住まい Wohnort, Wohnung; sumida 住田 (Name)
休	L 2: oyasumi nasai お休みなさい gute Nacht; L 4: yasumu 休む ausruhen, pausieren, sich frei nehmen; L 8: hiruyasumi 昼休み	体	L 9: taiiku 体育 Sport, Gymnastik; L 16: karada 体 Körper; L 17: taiken 体験 Erlebnis, Erfahrung
		低	L 10: hikui 低い niedrig

作	L 11: tsukuru 作る herstellen, machen; L 12: sakka 作家 Schriftsteller		Gegenstände
何	L 3: nan/nani 何 was; L 7: nanmeisama 何名様 wie viele Personen; L 17: nani ka 何か irgendetwas, -ein	借	L 14: kariru 借りる sich ausleihen
価	L 17: bukka 物価 Lebenshaltungskosten	停	L 15: basutei バス停 Bushaltestelle
念	L 10: zannen 残念 schade, bedauerlich	側	L 5: soba 側 nahe, in der Nähe von; L 16: uchigawa 内側 Innenseite
例	L 7: rei 例 Beispiel; L 23: tatoeba 例えば z.B.	傘	L 16: kasa 傘 Schirm
命	L 18: seimei 生命 Leben	備	L 16: junbi 準備 Vorbereitung
供	L 7: kodomo 子供 Kinder	働	L 4: hataraku 働く arbeiten; L 21: roudoukumiai 労働組合 Arbeitergewerkschaft; L 21: roudousha 労働者 Arbeiter
使	L 6: tsukau 使う benutzen; L 13: tsukaikata 使い方 Art und Weise, etwas zu benutzen; shiyoujou no chuui 使用上の注意 Gebrauchshinweise; L 17: shiyou suru 使用する benutzen	僕	L 22: boku 僕 ich (Männersprache)
係	L 24: kakarichou 係長 Sachgebietsleiter	億	L 7: oku 億 100 Millionen
便	L 7: benri 便利 praktisch	優	L 13: joyuu 女優 Schauspielerin
便	L 3: yuubinkyoku 郵便局 Postamt; L 20: yuubinkitte 郵便切手 Postwertzeichen, Briefmarke		

Radikal 10
儿 (unten) Mensch

先	L 9: senshuu 先週 letzte Woche; sengetsu 先月 letzter Monat
免	L 18: untenmenkyoshou 運転免許証 Führerschein

Radikal 11
入 eintreten

信	L 20: shinjiru 信じる glauben
保	L 14: hozon suru 保存する speichern, sichern
倍	L 18: bai 倍 ZEW für -fach
俳	L 17: haiku 俳句 Haiku, jap. Gedichtform
倉	L 8: kamakura 鎌倉 (Ortsname)
値	L 22: nedan 値段 Preis
個	L 17: kojinteki 個人的 persönlich; L 18: ko 個 ZEW für kleine, runde

入	L 3: iriguchi 入口 Eingang; L 4: ireru 入れる hineintun; hairu 入る hineingehen, hineinsteigen; L 6: Ohairi kudasai. お入り下さい。 Kommen Sie bitte herein. L 14: nyuumon 入門 Einführung; nyuuryoku suru 入力する eingeben; L 20: kounyuu suru 購入する kaufen; tounyuu 投入 Einwurf; L 21: nyuuinchuu desu 入院中です im Krankenhaus sein; L 24: kinyuu

suru 記入する ausfüllen (z.B. Formulare)

Radikal 12
丷八 **acht**

八   L 7: hachi 八 acht; L 15: hachimanguu 八幡宮 Hachiman-Schrein; L 18: yattsu 八つ acht (allg. ZEW)

分   L 8: fun 分 Minute; L 13: jibun 自分 selbst; L 18: juubun 充分 genug; tabun 多分 vielleicht

公   L 5: koushuudenwa 公衆電話 öffentliches Telefon

弟   L 5: kyoudai 兄弟 Geschwister; gokyoudai ご兄弟 höflicher als *kyoudai*; L 21: otouto(san) 弟(さん) jüngerer Bruder

並   L 16: narabu 並ぶ sich anstellen

盆   L 9: o-bon お盆 O-Bon; buddhistisches Fest zu Ehren der Verstorbenen

前   L 5: mae 前 vor; L 8: gozen 午前 Vormittag; L 10: shokuzen 食前 vor dem Essen; L 13: atarimae 当たり前 selbstverständlich; L 14: mae 前 vor, bevor; L 21: zenryaku 前略 Begrüßungsfloskel am Anfang eines Briefes

普   L 7: futsuu 普通 normalerweise

興   L 11: kyoumi 興味 Interesse, ... ni kyoumi ga aru ...に興味がある Interesse haben an ...

Radikal 13
冂 **Grenze, Umschließung wie bei *dou* 同**

円   L 7: en 円 Yen; L 20: ensatsu 円札 Yen-Note

同   L 25: onaji 同じ gleich

Radikal 14
冖 **Katakana *wa***

写   L 13: shashin 写真 Foto

Radikal 15
冫 **Wasser mit zwei Strichen, „Eis-Radikal"**

兆   L 7: chou 兆 Billion

次   L 13: tsugi 次 nächste/r/s

冷   L 10: tsumetai 冷たい kühl

凍   L 17: touketsu suru 凍結する einfrieren

弱   L 10: yowai 弱い schwach

Radikal 18
刂 **aufrechtes Schwert,** 刀 **Messer, Schwert**

切   L 4: kitte 切手 Briefmarke; L 10: kippu 切符 Karte, Fahrkarte; L 13: shinsetsu 親切 freundlich; L 14: dengen wo kiru 電源を切る Strom ausschalten; L 20: yuubinkitte 郵便切手 Postwertzeichen, Briefmarke; L 21: taisetsu 大切 wichtig

召   L 6: meshiagaru 召し上がる essen, trinken (respektvoll)

券   L 15: seiriken 整理券 Nummernkarte; kaisuuken 回数券 Mehrfahrtenkarte; L 16: teikiken 定期券 Zeitkarte; shiteiken 指定券 Platzkarte; L 17: koukuuken 航空券 Flugticket

刻   L 8: jikokuhyou 時刻表 Fahrplan

刺   L 2: meishi 名刺 Visitenkarte; L 4: sashimi 刺身 Sashimi; osashimi

	お刺身 höflicher als *sashimi*
創	L 21: sousetsu 創設 Gründung, sousetsu suru 創設する gründen
割	L 22: waribiki 割引 Ermäßigung

Radikal 19
力 Kraft

力	L 14: nyuuryoku suru 入力する eingeben
加	L 22: sanka 参加 Teilnahme
助	L 4: tasukeru 助ける helfen
労	L 21: roudoukumiai 労働組合 Arbeitergewerkschaft; roudousha 労働者 Arbeiter
動	L 3: jidousha 自動車 Auto; L 15: jidoukaisatsuguchi 自動改札口 automatische Sperre; jidoukaisatsuki 自動改札機 automatischer Fahrkartenentwerter; L 17: saikidou (suru) 再起動(する) (auf) Reset (drücken); L 20: jidouhanbaiki 自動販売機 (Verkaufs-) Automat
勢	L 17: oozei 大勢 viele (Menschen)

Radikal 20
勹 einwickeln

句	L 17: haiku 俳句 Haiku, jap. Gedichtform

Radikal 21
ヒ Löffel, Katakana *hi*

北	L 11: hokkaidou 北海道 Hokkaido

Radikal 22
⼕ (liegender) Kasten

匹	L 18: hiki 匹 ZEW für kleine Tiere
区	L 5: kuyakusho 区役所 Bezirksamt, Bezirksrathaus
医	L 6: isha 医者 Arzt; oisha-san お医者さん höflicher als *isha*

Radikal 24
十 zehn, Kreuz

十	L 7: ju/juu 十 zehn; L 18: tou 十 zehn (allg. ZEW)
古	L 10: furui 古い alt
直	L 13: naosu 直す reparieren, korrigieren
南	L 25: minami 南 Süden
真	L 5: mannaka 真ん中 mitten in; L 13: shashin 写真 Foto
幹	L 11: shinkansen 新幹線 Shinkansen
準	L 16: junbi 準備 Vorbereitung

Radikal 25
⼘ Orakel, Katakana *to*

上	L 5: ue 上 oben, auf, über; L 6: meshiagaru 召し上がる essen, trinken (respektvoll); L 8: nobori 上り Aufstieg (Zug: in Richtung Tokyo); L 10: jouzu 上手 begabt; L 13: shiyoujou no chuui 使用上の注意 Gebrauchshinweise; L 15 ageru 上げる hochheben, geben, schenken; L 16: shiageru 仕上げる erledigen, fertig stellen; L 20: (o)kaiagegaku (お)買上額 Kaufbetrag; L 24: sashiageru 差し上げる geben, schenken (bescheiden)

点　　L 25: ten 点 Punkt

Radikal 27
厂 **gan-Umschließung (wie bei *gan* 雁 „Wildgans"), Kliff**
圧　　L 10: ketsuatsu 血圧 Blutdruck
原　　L 13: akihabara 秋葉原 (Stadtteil von Tokyo)
歴　　L 15: rirekisho 履歴書 Lebenslauf

Radikal 28
ム **Katakana *mu*, privat**
台　　L 18: dai 台 ZEW für Fahrzeuge, Maschinen; L 22: daidokoro 台所 Küche
参　　L 22: sanka 参加 Teilnahme

Radikal 29
又 **wieder, Hand**
友　　L 11: tomodachi 友達 Freund
叔　　L 21: oji(san) 叔父(さん) (mein) Onkel (höflich; jüngerer Bruder der Mutter oder des Vaters); oba(san) 叔母(さん) Tante (höflich; jüngere Schwester der Mutter oder des Vaters)

Radikal 30
口 **Mund**
兄　　L 5: kyoudai 兄弟 Geschwister; gokyoudai ご兄弟 höflicher als *kyoudai*; L 21: ani 兄 älterer Bruder; oniisan お兄さん älterer Bruder (respektvoll)
口　　L 2: yamaguchi 山口 (Name); L 3: deguchi 出口 Ausgang; iriguchi 入口 Eingang; L 10: kuchi 口 Mund; L 12: jinkou 人口 Bevölkerung, Einwohnerzahl; L 15: jidoukaisatsuguchi 自動改札口 automatische Sperre; L 16: kaisatsuguchi 改札口 Sperre (im Bahnhof)
司　　L 4: sushi 寿司 Sushi; osushi お寿司 höflicher als *sushi*; L 18: chirashizushi ちらし寿司 Chirashi-Sushi
右　　L 5: migi 右 rechts (von)
号　　L 6: denwabangou 電話番号 Telefonnummer
吸　　L 4: (tabako wo) suu （タバコを）吸う rauchen
呂　　L 8: ofuro お風呂 japanisches Bad
味　　L 6: misoshiru 味噌汁 Misosuppe; L 11: kyoumi 興味 Interesse, ... ni kyoumi ga aru ...に興味がある Interesse haben an ...; L 16: imi 意味 Bedeutung
呼　　L 4: yobu 呼ぶ rufen
員　　L 3: kaishain 会社員 Firmenangestellte(r); L 8: ekiin 駅員 Bahnhofsangestellte(r); L 23: shain 社員 Angestellter, Firmenangestellter; L 24: ippan-shain 一般社員 Angestellter
啓　　L 21: haikei 拝啓 Begrüßungsfloskel am Anfang eines Briefes
喫　　L 14: kissaten 喫茶店 Café
鳴　　L 25: naku 鳴く (Tierlaute) bellen, zwitschern, zirpen usw.; naru 鳴る ertönen, zu hören sein (Donner, Klingel, Echo usw.)

噌　L 6: misoshiru 味噌汁 Misosuppe

Radikal 31

**囗 kuni-Umschließung (wie bei
kuni 国 „Land")**

四　L 7: shi/yon 四 vier; L 9: shiki
　　四季 die vier Jahreszeiten;
　　L 12: shikoku 四国 Shikoku; L 18:
　　yottsu 四つ vier (allg. ZEW)

団　L 8: futon 布団 Futon; L 18: zabuton
　　座布団 Sitzkissen

回　L 10: kai 回 ... Mal; L 14: nikai 二回
　　zweimal; L 15: ikkai 一回 einmal;
　　kaisuuken 回数券 Mehrfahrtenkarte;
　　L 18: kai 回 ZEW für Häufigkeit

困　L 23: komaru 困る in Schwierigkeiten
　　geraten/in Verlegenheit sein

図　L 3: toshokan 図書館 Bibliothek;
　　L 5: chizu 地図 Landkarte, Stadtplan

国　L 8: kunitachi 国立 (Stadtteil von
　　Tokyo); L 9: kokuritsugekijou 国立
　　劇場 Nationaltheater; L 10: gaikokujin
　　外国人 Ausländer; L 12: shikoku 四国
　　Shikoku; shimaguni 島国 Inselreich;
　　yukiguni 雪国 Schneeland

園　L 25: kouen 公園 Park; sono 園 Park,
　　Garten

Radikal 32

土 Erde

土　L 9: doyoubi 土曜日 Sonnabend

去　L 9: kyonen 去年 letztes Jahr

吉　L 14: yoshida 吉田 (Name)

寺　L 11: tera 寺 buddhistischer Tempel;
　　otera お寺 höflicher als *tera*; L 11:
　　kiyomizudera 清水寺 (Tempelname);
　　kinkakuji 金閣寺 (Tempelname);
　　ryouanji 竜安寺 (Tempelname)

地　L 5: chizu 地図 Landkarte, Stadtplan;
　　L 22: chikatetsu 地下鉄 U-Bahn

声　L 25: koe 声 Stimme, Ton, Schrei

売　L 20: hanbaichuu 販売中
　　(Verkauf/Verkaufsautomat) ist
　　betriebsbereit; jidouhanbaiki 自動
　　販売機 (Verkaufs-) Automat

場　L 9: kokuritsugekijou 国立劇場
　　Nationaltheater; L 15: takushī-noriba
　　タクシー乗り場 Taxistand; L 17:
　　baai 場合 Fall, Umstand; L 18:
　　chuushajou 駐車場 Parkplatz

報　L 17: jouhou 情報 Information,
　　Nachricht

壁　L 19: kabe 壁 Wand, Mauer

Radikal 33

士 Mann, Gelehrter, Krieger

士　L 11: fujisan 富士山 der Berg Fuji

Radikal 34

夂 Winter

冬　L 9: fuyu 冬 Winter

Radikal 36

夕 Abend, Katakana *ta*

夕　L 8: yuushoku 夕食 Abendessen

外　L 5: soto 外 draußen, außerhalb;
　　L 10: gaijin 外人/gaikokujin
　　外国人 Ausländer; L 12:
　　mori ougai 森鴎外 (Schriftsteller);
　　L 13: hoka 外 andere

多   L 18: tabun 多分 vielleicht

名   L 2: meishi 名刺 Visitenkarte; L 7: nanmeisama 何名様 wie viele Personen; L 10: yuumei 有名 berühmt; L 14: fairumei ファイル名 Dateiname; L 18: mei 名 ZEW für Personen; L 20: myouji 名字 Familienname; hiragana 平仮名 Hiragana (japanische Silbenschrift); atena 宛名 Adresse, Anschrift

Radikal 37
大 groß

大   L 3: daigakusei 大学生 Student; L 5: daigaku 大学 Universität; L 9: oosaka 大阪 (Ortsname); taishou 大正 Taishō (Devise der Jahreszählung von 1912 bis 1926); daijoubu 大丈夫 in Ordnung, OK; L 10: ookii 大きい groß; L 10: ooki(na) 大き(な) groß L 12: toukyou daigaku 東京大学 Universität Tokyo (auch: Todai); L 15: daibutsu 大仏 großer Buddha; wakamiyaooji 若宮大路 (Straße in Kamakura); L 17: oozei 大勢 viele (Menschen); L 19: taihen 大変 sehr, schlimm, wichtig; L 21: taisetsu 大切 wichtig; L 24: taishita 大した besonders, bedeutend, perfekt

太   L 18: tarou 太郎 (Männername); L 22: futoru 太る dick werden

Radikal 38
女 Frau

女   L 13: joyuu 女優 Schauspielerin; L 18: kanojo 彼女 sie

好   L 5: suki desu 好きです mögen; L 10: suki 好き mögen

妹   L 5: imouto 妹 jüngere Schwester; L 7: imouto-san 妹さん jüngere Schwester (respektvoll); L 21: shimai 姉妹 Schwestern

妻   L 6: tsuma 妻 (eigene) Ehefrau

姉   L 5: ane 姉 ältere Schwester, L 21: oneesan お姉さん ältere Schwester (respektvoll); shimai 姉妹 Schwestern

始   L 4: hajimaru 始まる beginnen; hajimeru 始める (etwas) beginnen

姪   L 18: mei 姪 Nichte; L 21: meigosan 姪ごさん Nichte (höflich)

娘   L 21: musume(san) 娘(さん) Tochter

嫌   L 10: kirai 嫌い nicht mögen

嬢   L 21: ojousan お嬢さん Tochter (respektvoll)

Radikal 39
子 Kind

子   L 3: isu 椅子 Stuhl; L 6: okashi お菓子 Süßigkeiten; L 7: kodomo 子供 Kinder; L 9: yukiko 雪子 (Frauenname); musuko 息子 Sohn; L 12: zushi-shi 逗子市 die Stadt Zushi; odoriko 踊子 Tänzerin; L 13: neji 捻子 Schraube; hanako 花子 (Frauenname); L 14: yuuko 裕子 (Frauenname); denshimēru 電子メール E-Mail; L 18: eriko 恵里子 (Frauenname); L 21: akiko 明子 (Frauenname); okosan お子さん Kind (respektvoll);

	musuko-san 息子さん Sohn; ko 子 Kind; yumiko 由美子 (Frauenname); L 22: michiko 道子 (Frauenname)
存	L 14: hozon suru 保存する speichern, sichern; L 24: gozonji desu ご存知です kennen (respektvoll); zonjiru 存じる kennen (bescheiden)
学	L 3: daigakusei 大学生 Student; L 5: daigaku 大学 Universität; L 12: nōberu bungakushou ノーベル文学賞 Nobelpreis für Literatur; ryuugaku suru 留学する im Ausland studieren; bungakubu 文学部 Fakultät für Literatur; toukyou daigaku 東京大学 Universität Tokyo (auch: Todai); L 13: gakkou 学校 Schule; L 23: gakusei 学生 Schüler; chuugakusei 中学生 Mittelschüler
孫	L 23: mago 孫 Enkelkind

Radikal 40

宀 **Katakana *u***

宅	L 6: otaku お宅 Haus (respektvoll)
字	L 13: kanji 漢字 Kanji, Schriftzeichen aus China; L 14: rōma-ji ローマ字 Buchstaben; L 20: myouji 名字 Familienname
安	L 10: yasui 安い billig; anzen 安全 sicher; L 11: ryouanji 竜安寺 (Tempelname); L 17: fuantei 不安定 unsicher, instabil
宜	L 21: ... ni mo yoroshiku otsutae kudasai ...にも宜しくお伝え下さい。Bestellen Sie ... schöne Grüße! L 22: yoroshii 宜しい gut (höflicher als *ii*, *yoi*)
宛	L 20: atena 宛名 Adresse, Anschrift
定	L 16: teikiken 定期券 Zeitkarte; shiteiken 指定券 Platzkarte; L 17: fuantei 不安定 unsicher, instabil
実	L 9: jitsu wa 実は eigentlich, tatsächlich
室	L 25: shitsu 室 Raum, Zimmer; washitsu 和室 Zimmer im jap. Stil; muro 室 Keller, Gewächshaus
客	L 14: (o)kyaku(san) (お)客(さん) Gast, Kunde
宮	L 15: wakamiyaooji 若宮大路 (Straße in Kamakura); hachimanguu 八幡宮 Hachiman-Schrein
家	L 8: ie/uchi 家 Haus; L 12: sakka 作家 Schriftsteller; shousetsuka 小説家 Romanschriftsteller; L 16: yachin 家賃 Miete; L 21: kazoku 家族 Familie; kanai 家内 (eigene) Ehefrau
宿	L 22: shinjuku 新宿 (Stadtteil von Tokyo)
富	L 11: fujisan 富士山 der Berg Fuji
寒	L 10: samui 寒い kalt
寝	L 4: neru 寝る schlafen, liegen
察	L 6: keisatsu 警察 Polizei; L 10: shinsatsu 診察 Untersuchung

Radikal 42

⺌ 小 **klein**

| 小 | L 10: chiisai 小さい klein; chiisa(na) 小さ(な) klein; L 12: shousetsu 小説 Roman; L 15: komachidoori 小町通り |

(Straße in Kamakura); komono 小物 kleine Sachen, Kleinigkeit

光 L 16: nikkou 日光 (Ortsname)

当 L 13: atarimae 当たり前 selbstverständlich; L 14: hontou ni 本当に wirklich, tatsächlich

賞 L 12: jushou suru 受賞する einen Preis erhalten; nōberu bungakushou ノーベル文学賞 Nobelpreis für Literatur

Radikal 44
尸 **Leichnam, Fahne**

局 L 3: yuubinkyoku 郵便局 Postamt

屋 L 4: honya 本屋 Buchladen; L 5: heya 部屋 Zimmer

履 L 15: rirekisho 履歴書 Lebenslauf

Radikal 46
山 **Berg**

山 L 2: yamaguchi 山口 (Name) nakayama 中山 (Name); L 8: yamanote-sen 山手線 Yamanote-Linie; L 11: fujisan 富士山 der Berg Fuji; L 16: yamamoto 山本 (Name); yamada 山田 (Name)

岩 L 25: iwa 岩 Fels

Radikal 47
川 **Fluss mit drei Strichen**
巛 **Fluss mit geknickten Strichen**

川 L 4: kawada 川田 (Name)

災 L 17: sainan 災難 Pech, Unglück

Radikal 48

工 **Zimmermann, Arbeit, Katakana *e***

工 L 25: daiku 大工 Zimmermann, takumi 工 Handwerker, Zimmermann; taku(mu) 工む planen

左 L 5: hidari 左 links (von)

Radikal 49
巳 **selbst,** 巳 **Schlange**

改 L 15: jidoukaisatsuguchi 自動改札口 automatische Sperre; L 15: jidoukaisatsuki 自動改札機 automatischer Fahrkartenentwerter; L 16: kaisatsuguchi 改札口 Sperre (im Bahnhof)

Radikal 50
巾 **Stoff, Stoffbreite**

布 L 8: futon 布団 Futon; L 18: zabuton 座布団 Sitzkissen; L 22: saifu 財布 Portemonnaie

帳 L 7: denwachou 電話帳 Telefonbuch

幡 L 15: hachimanguu 八幡宮 Hachiman-Schrein

幣 L 20: shihei 紙幣 Geldschein

Radikal 53
广 **(hängendes) *ma* (Rad. 200麻 = Hanf), Dach, Komma + eins-Umschließung**

広 L 10: hiroi 広い weiträumig; L 13: hiroshima 広島 (Ortsname)

店 L14: kissaten 喫茶店 Café; L 15: mise 店 Laden

度 L 6: mou ichido もう一度 noch einmal; L 18: do 度 ZEW für Male

席 L 24: seki 席 Platz, Sitzplatz

庭　L 5: niwa 庭 Garten

座　L 6: suwaru 座る sich setzen; L 8: ginza 銀座 (Stadtteil von Tokyo); L 9: kabukiza 歌舞伎座 (Kabukitheater in Tokyo); L 18: zabuton 座布団 Sitzkissen

Radikal 54
廴 **unten-links-Umschließung wie bei** *en*, *nobiru* 延 = **sich ausstrecken**

建　L 17: tateru 建てる bauen; tatemono 建物 Gebäude

Radikal 57
弓 **(Schieß-) Bogen**

弓　L 25: yumi: Bogen, Bogenschießen, Geigenbogen

引　L 10: kaze wo hiku 風邪を引く sich erkälten; L 22: waribiki 割引 Ermäßigung

張　L 15: kinchou suru 緊張する nervös/aufgeregt sein

強　L 7: benkyou suru 勉強する lernen, studieren

弾　L 14: hiku 弾く spielen (Klavier, Geige, Harfe etc.)

Radikal 58
ヨ 彑 **Schwein, Katakana** *yo*

帰　L 4: kaeru 帰る zurückkehren

Radikal 59
彡 **Haartracht, (rechts) drei**

形　L 25: katachi 形 Form, Gestalt, Erscheinung

須　L 8: yokosuka 横須賀 (Ortsname)

Radikal 60
彳 **Schritt, Fortbewegung**

役　L 5: kuyakusho 区役所 Bezirksamt, Bezirksrathaus; L 24: torishimariyaku 取締役 Direktor (Vorstandsmitglied)

彼　L 4: kare 彼 er; L 18: kanojo 彼女 sie

待　L 4: matsu 待つ warten; L 17: Omachi kudasai. お待ち下さい。Bitte warten Sie. Omatase shimashita. お待たせしました。Ich habe Sie warten lassen. shoutai 招待 Einladung, shoutai suru 招待する einladen

後　L 5: ushiro 後ろ hinten, hinter; L 7: shokugo 食後 nach dem Essen; L 8: gogo 午後 Nachmittag; L 9: asatte 明後日 übermorgen; L 13: saigo 最後 Ende, saigo ni 最後に zuletzt; L 14: ato (de) 後(で) nachdem

御　L 16: gochuui 御注意 höflicher als *chuui* Achtung; gojousha 御乗車 höflicher als *jousha* Mitfahrt

Radikal 61
忄 心 **Herz**

心　L 10: shinpai 心配 Sorge, shinpai suru 心配する sich Sorgen machen

忙　L 11: isogashii 忙しい beschäftigt

怒　L 23: okoru 怒る ärgerlich werden, sich ärgern

急　L 7: kyuukyuusha 救急車 Krankenwagen; L 19: isoide 急いで eilig

恵　L 18: eriko 恵里子 (Frauenname)

恐　L 11: kowai 恐い angsterregend, zum Fürchten

患　L 10: kanja 患者 Patient

情　L 17: jouhou 情報 Information, Nachricht

態　L 17: joutai 状態 Zustand

慣　L 21: shuukan 習慣 Sitte, Gewohnheit

Radikal 62
戈 **Speer**

成　L 8: narita-kuukou 成田空港 Flughafen Narita; L 9: heisei 平成 Heisei (Devise der Jahreszählung seit 1989)

Radikal 63
戸 **Tür, Waffe**

戸　L 25: ko 戸 Haus, Tür, Familie, ZEW für Häuser; to 戸 Tür

戻　L 17: modoru 戻る zurückkehren; modosu 戻す zurückgeben

所　L 5: jimusho 事務所 Büro; kuyakusho 区役所 Bezirksamt, Bezirksrathaus; L 6: juusho 住所 Adresse; gojuusho ご住所 höflicher als *juusho*; L 22: daidokoro 台所 Küche

Radikal 64
扌 手 **Hand**

手　L 4: kitte 切手 Briefmarke; tegami 手紙 Brief; L 6: otearai お手洗 Toilette; L 8: yamanote-sen 山手線 Yamanote-Linie; L 10: te 手 Hand;
jouzu 上手; begabt; heta 下手 unbegabt; L 14: tetsudau 手伝う helfen; L 20: yuubinkitte 郵便切手 Postwertzeichen, Briefmarke

払　L 7: harau 払う bezahlen

投　L 20: tounyuu 投入 Einwurf

招　L 17: shoutai 招待 Einladung, shoutai suru 招待する einladen

拝　L 21: haikei 拝啓 Begrüßungsfloskel am Anfang eines Briefes; L 24: haiken suru 拝見する sehen (bescheiden)

押　L 14: osu 押す drücken

持　L 4: motsu 持つ tragen; L 15: motte kuru 持って来る (etw.) mitbringen; L 16: motte iku 持って行く (etw.) mitnehmen; L 19: kanemochi 金持ち reicher Mann

指　L 10: yubi 指 Finger; L 16: shiteiken 指定券 Platzkarte

捻　L 13: neji 捻子 Schraube

捨　L 13: suteru 捨てる wegwerfen

掃　L 18: souji suru 掃除する putzen

授　L 8: jugyou 授業 Unterricht

掛　L 19: kakaru 掛かる hängen, herunterhängen; kakeru 掛ける anhängen, bedecken

換　L 14: henkan suru 変換する umwandeln, auswechseln; L 16: norikaeru 乗り換える umsteigen

撮　L 13: shashin wo toru 写真を撮る fotografieren

Radikal 66
攴 **Katakana** *to* + „wieder"

攵 wie *bun* 文 (Rad. 76), wobei der erste
Strich wie ein Katakana *no* ist; schlagen

救   L 7: kyuukyuusha 救急車 Kranken-
wagen

教   L 13: oshieru 教える unterrichten,
erklären

敬   L 21: keigu 敬具 Grußfloskel am
Ende eines Briefes

散   L 13: sanpo 散歩 Spaziergang, sanpo
suru 散歩する spazieren gehen

数   L 15: kaisuuken 回数券 Mehr-
fahrtenkarte; L 20: maisuu 枚数
Anzahl flacher, dünner Gegenstände

敵   L 24: suteki 素敵 hübsch

Radikal 67
文 Literatur

文   L 7: chuumon 注文 Bestellung; L 9:
bunka 文化 Kultur; L 12: bungakubu
文学部 Fakultät für Literatur; nōberu
bungakushou ノーベル文学賞
Nobelpreis für Literatur; L 13:
bunpou 文法 Grammatik

Radikal 69
斤 jap. Gewichtseinheit, Axt

新   L 3: shinbun 新聞 Zeitung; L 10:
atarashii 新しい neu; L 11:
shinkansen 新幹線 Shinkansen;
L 21: shinnen 新年 Neujahr, das
neue Jahr; L 22: shinjuku 新宿
(Stadteil von Tokyo)

Radikal 70
方 Richtung, Person

方   L 8: houmen 方面 Richtung; L 13:
tsukaikata 使い方 Art und Weise,
etwas zu benutzen; L 24: kata 方
Mensch (respektvoller als *hito*)

旅   L 10: ryokou 旅行 Reise; L 22:
ryokougaisha 旅行会社 Reisebüro

族   L 21: kazoku 家族 Familie

Radikal 72
日 Sonne, Tag

日   L 2: konnichi wa 今日は guten Tag,
konnichi 今日 heutzutage;
L 3: nihongo 日本語 Japanisch;
nihonjin 日本人 Japaner(in); nihon
日本 Japan; L 4: kinou 昨日 gestern;
L 8: kyou 今日 heute; heijitsu 平日
Werktag; nihonbashi 日本橋
(Stadtteil von Tokyo); ichinichi
一日 ein Tag; L 9: hi/nichi 日 Tag;
ashita/asu 明日 morgen; asatte
明後日 übermorgen; getsuyoubi
月曜日 Montag; kayoubi 火曜日
Dienstag; suiyoubi 水曜日 Mitt-
woch; mokuyoubi 木曜日
Donnerstag; kinyoubi 金曜日 Freitag;
doyoubi 土曜日 Sonnabend;
nichiyoubi 日曜日 Sonntag;
tanjoubi 誕生日 Geburtstag
L 11: mainichi 毎日 jeden Tag; L 13:
ototoi 一昨日 vorgestern; L 16: nikkou
日光 (Ortsname); L 24: sakujitsu
昨日 gestern (höflich); honjitsu 本日
heute (höflich); myounichi 明日
morgen (höflich)

旦   L 21: danna(san) 旦那(さん) Ehemann,

	L 21: gantan 元旦 der Neujahrstag
早	L 10: hayai 早い früh; L 21: sousou 早々 Grußfloskel am Ende eines Briefes
明	L 9: asatte 明後日 übermorgen; meiji 明治 (Devise der Jahreszählung von 1868 bis 1912); ashita/asu 明日 morgen; L 17: setsumei 説明 Erklärung; L 21: akiko 明子 (Frauenname); Akemashite omedetou (gozaimasu). 明けましておめでとう（ございます）Frohes neues Jahr! L 24: myounichi 明日 morgen (höflich)
昭	L 9: shouwa 昭和 Shōwa (Devise der Jahreszählung von 1926 bis 1989)
映	L 10: eiga 映画 Film
昨	L 4: kinou 昨日 gestern; L 13: ototoi 一昨日 vorgestern; L 18: yuube 昨夜 gestern abend; L 24: sakujitsu 昨日 gestern (höflich)
是	L 21: zehi 是非 auf jeden Fall, unbedingt
星	L 25: hoshi 星 Stern, Fleck, Punkt, Zeichen
春	L 9: haru 春 Frühling
時	L 3: tokei 時計 Uhr; L 8: ji 時 Stunde; tokidoki 時々 manchmal; jikokuhyou 時刻表 Fahrplan; L 14: toki 時 wenn, als
暑	L 11: atsui 暑い heiß (Wetter) mushiatsui 蒸し暑い heiß und schwül
替	L 20: ryougae 両替 Geldwechsel, ryougae suru 両替する Geld wechseln
景	L 17: keshiki 景色 Aussicht, Landschaft
晴	L 10: subarashii 素晴らしい herrlich
晩	L 2: konban wa 今晩は guten Abend
最	L 13: saigo 最後 Ende, saigo ni 最後に zuletzt; L 23: saikin 最近 vor kurzem, in letzter Zeit
暇	L 10: hima 暇 Freizeit
暖	L 22: atatakai 暖かい warm
暗	L13: kurai 暗い dunkel
曜	L 9: getsuyoubi 月曜日 Montag; kayoubi 火曜日 Dienstag; suiyoubi 水曜日 Mittwoch; mokuyoubi 木曜日 Donnerstag; kinyoubi 金曜日 Freitag; doyoubi 土曜日 Sonnabend; nichiyoubi 日曜日 Sonntag
題	L 18: mondai 問題 Problem, Frage

Radikal 74
月 **Mond, Monat**

月	L 9: tsuki 月 Mond, Monat; gatsu/getsu 月 Mond, Monat; getsuyoubi 月曜日 Montag; oshougatsu お正月 Neujahr; kongetsu 今月 dieser Monat; raigetsu 来月 kommender Monat; sengetsu 先月 letzter Monat; ichigatsu 1月 Januar; nigatsu 2月 Februar; sangatsu 3月 März; shigatsu 4月 April; gogatsu 5月 Mai; rokugatsu 6月 Juni; shichigatsu 7月 Juli; hachigatsu 8月 August; kugatsu 9月 September; juugatsu 10月 Oktober; juuichigatsu 11月 November; juunigatsu 12月 Dezember;

L 15: maitsuki 毎月 jeden Monat

Radikal 75
木 Baum, Holz

木   L 2: kimura 木村 (Name); L 9: mokuyoubi 木曜日 Donnerstag

札   L 15: jidoukaisatsuguchi 自動改札口 automatische Sperre; jidoukaisatsuki 自動改札機 automatischer Fahrkartenentwerter; L 16: kaisatsuguchi 改札口 Sperre (im Bahnhof); L 20: ensatsu 円札 Yen-Note

机   L 3: tsukue 机 Schreibtisch

村   L 2: kimura 木村 (Name); L 24: muramatsu 村松 (Name); tamura 田村 (Name)

枚   L 18: mai 枚 ZEW für flache, dünne Gegenstände; L 20: maisuu 枚数 Anzahl flacher, dünner Gegenstände

杯   L 18: hai 杯 ZEW für volle Trinkgefäße

林   L 25: hayashi 林 Wald, Forst, Gehölz

松   L 24: matsumoto 松本 (Name); muramatsu 村松 (Name)

梅   L 11: tsuyu 梅雨 Regenzeit

校   L 13: gakkou 学校 Schule

根   L 16: hakone 箱根 (Ortsname)

椅   L 3: isu 椅子 Stuhl

森   L 12: mori ougai 森鴎外 (Schriftsteller)

棒   L 22: dorobou 泥棒 Einbrecher, Dieb

楽   L 10: tanoshii 楽しい spaßig, amüsant; L 19: ongaku 音楽 Musik

様   L 2: Okagesama de ... お陰様で... Dank Ihres Schattens ...; L 7: nanmeisama 何名様 wie viele Personen; L 24: okusama 奥様 Gattin (höflicher als okusan); L 25: ou-sama 王様 König

横   L 5: yoko 横 neben; L 8: yokohama 横浜 (Ortsname); yokosuka 横須賀 (Ortsname)

橋   L 8: nihonbashi 日本橋 (Stadtteil von Tokyo); L 17: hashimoto 橋本 (Name)

機   L 11: hikouki 飛行機 Flugzeug; L 13: kopīki コピー機 Kopiergerät; L 15: jidoukaisatsuki 自動改札機 automatischer Fahrkartenentwerter; L 20: jidouhanbaiki 自動販売機 (Verkaufs-) Automat

Radikal 76
欠 gähnen, fehlen, mangeln

歌   L 9: kabuki 歌舞伎 Kabuki; L 18: utau 歌う singen; uta 歌 Lied

Radikal 77
止 anhalten

止   L 14: yamu 止む aufhören; L 16: tomaru 止る halten (mit に); L 19: tomeru 止める halten, aufhalten; L 22: yameru 止める etwas beenden, aufgeben, aufhören

歩   L 4: aruku 歩く zu Fuß gehen; L 13: sanpo 散歩 Spaziergang, sanpo suru 散歩する spazieren gehen; L 19: aruite iku 歩いて行く zu Fuß hingehen

整   L 15: seiriken 整理券 Nummernkarte

Radikal 78
歹 zerfallene Knochen, „eins"
   + Katakana *ta*, Umschließung wie

bei „sterben"

列　　L 8: ressha 列車 Bahn, Fernbahn

死　　L 4: shinu 死ぬ sterben

残　　L 8: zangyou 残業 Überstunden; L 10: zannen 残念 schade, bedauerlich; L 20: zangaku 残額 Restbetrag

Radikal 79

殳 **Katakana *ru* + *mata* 又 „wieder", Lanzenschaft**

段　　L 22: nedan 値段 Preis

殺　　L 12: jisatsu 自殺 Selbstmord, jisatsu wo togeru 自殺をとげる Selbstmord begehen

Radikal 80

母 毋 **Mutter, nicht**

母　　L 11: haha 母 (meine) Mutter; L 18: obaasan 祖母さん Großmutter, alte Dame; L 21: oba 伯母 Tante (ältere Schwester der Mutter oder des Vaters); oba 叔母 Tante (jüngere Schwester der Mutter oder des Vaters); obasan 叔母さん höflicher als *oba*; sobo 祖母 (eigene) Großmutter; okaasan お母さん Mutter (respektvoll)

毎　　L 11: mainichi 毎日 jeden Tag; L 15: maitsuki 毎月 jeden Monat; L 16: maiasa 毎朝 jeden Morgen; L 18: maishuu 毎週 jede Woche

Radikal 81

比 **vergleichen**

皆　　L 15: minna 皆 alle

Radikal 82

毛 **(Körper-)Haar, Fell**

毛　　L 10: kaminoke 髪の毛 Haar

Radikal 84

气 **Dunst, Luft, Atem**

気　　L 2: genki 元気 wohlauf; Ogenki desu ka. お元気ですか。 Geht es Ihnen gut? L 6: ki wo tsukeru 気をつける aufpassen; L 10: byouki 病気 Krankheit; L 14: denki 電気 Strom, Licht; L 21: ninki 人気 beliebt

Radikal 85

水氵水 **Wasser**

水　　L 9: suiyoubi 水曜日 Mittwoch; L 11: kiyomizudera 清水寺 (Tempelname)

汁　　L 6: misoshiru 味噌汁 Misosuppe

池　　L 8: ikebukuro 池袋 (Stadtteil von Tokyo)

沖　　L 14: okinawa 沖縄 Okinawa

汽　　L 25: kisen 汽船 Dampfer

沼　　L 8: tsudanuma 津田沼 (Ortsname)

泊　　L 18: tomaru 泊まる übernachten (mit に); haku 泊 ZEW für Übernachtungen

治　　L 9: meiji 明治 Meiji (Devise der Jahreszählung von 1868 bis 1912)

河　　L 23: fukai kawa 深い河 „Tiefer Fluss"

注　　L 7: chuumon 注文 Bestellung; L 10: chuusha 注射 Injektion; L 13: shiyoujou no chuui 使用上の注意

Kanji-Liste – nach Radikalen sortiert

	Gebrauchshinweise; L 16: (go)chuui (御)注意 Vorsicht
泣	L 23: naku 泣く weinen
泥	L 22: dorobou 泥棒 Einbrecher, Dieb
法	L 13: bunpou 文法 Grammatik
津	L 8: tsudanuma 津田沼 (Ortsname)
派	L 10: rippa 立派 herrlich, schön
洋	L 7: youfuku 洋服 (westliche) Kleidung
洗	L 3: sentakumono 洗濯物 Wäsche; L 6: otearai お手洗 Toilette; L 14: arau 洗う waschen
活	L 25: seikatsu 生活 Leben, Alltag
海	L 8: toukaidou-sen 東海道線 Tokaido-Linie; atami 熱海 (Ortsname); L 11: umi 海 Meer; hokkaidou 北海道 Hokkaido
浜	L 8: kurihama 久里浜 (Ortsname); yokohama 横浜 (Ortsname)
浴	L 8: shawā wo abiru シャワーを浴びる duschen
消	L 7: shoubousho 消防署 Feuerwehr; L13: kesu 消す ausschalten
渋	L 8: shibuya 渋谷 (Stadtteil von Tokyo)
清	L 11: kiyomizudera 清水寺 (Tempelname)
深	L 23: fukai kawa 深い河 „Tiefer Fluss"
港	L 8: kuukou 空港 Flughafen; narita-kuukou 成田空港 Flughafen Narita
源	L 13: dengenpuragu 電源プラグ Stromstecker; L 14: dengen wo kiru 電源を切る Strom ausschalten
漢	L 13: kanji 漢字 Kanji, Schriftzeichen aus China
濯	L 3: sentakumono 洗濯物 Wäsche
濡	L 13: nureru 濡れる nass werden

酒	L 6: sake 酒 Sake

Radikal 86

火 **Feuer**

灬 **vier Punkte, „Feuer"** *ka* **„in einer Reihe"** *retsu*

火	L 6: kaji 火事 Feuer, Brand; L 9: kayoubi 火曜日 Dienstag
炊	L 18: taku 炊く (Reis) kochen
然	L 17: zenzen 全然 gar nicht
無	L 8: muin 無印 ohne Aufdruck
熱	L 8: atami 熱海 (Ortsname); L 10: netsu 熱 Fieber; atsui 熱い heiß

Radikal 87

爪 **Klaue, Kralle, Nagel, Katakana** *no* + **Katakana** *tsu*

受	L 12: ukeru 受ける erhalten; jushou suru 受賞する einen Preis erhalten; L 20: juryoushou 受領証 Quittung, Empfangsbestätigung,
愛	L 22: ai 愛 Liebe, ai suru 愛する lieben

Radikal 88

父 **Vater**

父	L 3: chichi 父 Vater; L 21: ojii(san) お祖父(さん) Großvater (höflich); oji(san) 叔父(さん) Onkel (höflich) (jüngerer Bruder der Mutter oder des Vaters); sofu 祖父 (eigener) Großvater; otousan お父さん Vater (respektvoll)

Radikal 90

丬 爿 **linke Seite, gespaltenes Holz**

状　　L 17: joutai 状態 Zustand; L 18: shoutaijou 招待状 Einladungskarte; L 21: nengajou 年賀状 jap. Neujahrskarte

Radikal 92
牙 **牙 Eckzahn, Stoßzahn**
邪　　L 10: kaze 風邪 Erkältung

Radikal 93
牛 **Kuh, Rind**
牛　　L 25: gyuuniku 牛肉 Rindfleisch
物　　L 3: sentakumono 洗濯物 Wäsche; L 7: nomimono 飲み物 Getränk; kaimono 買物 Einkauf, kaimono suru 買物する einkaufen, Einkäufe machen; kudamono 果物 Obst; L 15: komono 小物 kleine Sachen, Kleinigkeit; L 16: wasuremono 忘れ物 vergessene Gegenstände, Fundsachen; (o)wasuremono (お)忘れ物 höflicher als *wasuremono*; L 17: tatemono 建物 Gebäude; bukka 物価 Lebenshaltungskosten; L 18: tabemono 食べ物 Essen, Nahrung, Lebensmittel; nimotsu 荷物 Gepäck

Radikal 94
犭犬 **Hund**
犬　　L 5: inu 犬 Hund
狭　　L 10: semai 狭い eng
猫　　L 5: neko 猫 Katze

Radikal 95
玄 **dunkel**

玄　　L 6: genkan 玄関 Eingang, Flur

Radikal 96
王 **König**
王　　L 25: ou 王 König, Herrscher, ou-sama 王様 König
玉　　L 25: tama 玉 Ball, Juwel
理　　L 8: ryouri 料理 Essen
理　　L 15: seiriken 整理券 Nummernkarte

Radikal 99
甘 **süß**
甘　　L 10: amai 甘い süß

Radikal 100
生 **leben, geboren werden**
生　　L 3: daigakusei 大学生 Student; L 9: tanjoubi 誕生日 Geburtstag; L 12: umareru 生まれる geboren werden; L 18: seimei 生命 Leben; L 21: tanjou-pātī 誕生パーティー Geburtstagsfeier; L 23: gakusei 学生 Schüler; chuugakusei 中学生 Mittelschüler
甥　　L 21: oi 甥 Neffe; oigosan 甥ごさん Neffe (höflich)

Radikal 101
用 **brauchen**
用　　L 13: shiyoujou no chuui 使用上の注意 Gebrauchshinweise; L 17: shiyou suru 使用する benutzen; L 24: youshi 用紙 Formular

Radikal 102
田 Reisfeld

田   L 2: tanaka 田中 (Name); suiden 水田 Reisfeld, yuden 油田 Ölfeld, L 4: kawada 川田 (Name); L 8: tsudanuma 津田沼 (Ortsname); narita-kuukou 成田空港 Flughafen Narita; L 14: yoshida 吉田 (Name); L 16: yamada 山田 (Name); L 24: sumida 住田 (Name); tamura 田村 (Name)

町   L 10: machi 町 Stadt; L 15: komachidoori 小町通り (Straße in Kamakura)

男   L 25: otoko 男 Mann, männlich; otoko no ko 男の子 Junge

思   L 4: omou 思う denken, meinen; L 10: to omou と思う denken, dass; L 21: omoidasu 思い出す sich erinnern an

留   L 12: ryuugaku suru 留学する im Ausland studieren

略   L 21: zenryaku 前略 Begrüßungsfloskel am Anfang eines Briefes

畳   L 18: tatami 畳 Tatami, Reisstrohmatte; jou 畳 ZEW für Tatami (als Größenmaß für Zimmer)

Radikal 104
疒 Krankheit

疲   L 21: tsukareru 疲れる ermüden; tsukarete iru 疲れている erschöpft sein

病   L 3: byouin 病院 Krankenhaus; L 10: byouki 病気 Krankheit

痛   L 10: itai 痛い schmerzhaft, ... tut weh

Radikal 105
癶 oberer Teil wie bei *hatsu* 発 „Beginn", gespreizte Beine

発   L 8: hassha 発車 Abfahrt; L 16: shuppatsu 出発 Abfahrt; L 17: kaihatsu 開発 Entwicklung, kaihatsu suru 開発する entwickeln

登   L 14: noboru 登る besteigen, hinaufsteigen

Radikal 106
白 weiß

白   L 10: shiroi 白い weiß; omoshiroi 面白い interessant

的   L 12: daihyouteki 代表的 repräsentativ, typisch; L 17: kojinteki 個人的 persönlich

皇   L 9: tennou 天皇 Tenno

Radikal 108
皿 Schüssel, Teller

皿   L 18: sara 皿 Teller; osara お皿 höflicher als *sara*

盗   L 17: nusumu 盗む stehlen

Radikal 109
目 Auge

目   L 10: me 目 Auge; L 24: o-me ni kakaru お目にかかる jmd. treffen (bescheiden)

具   L 10: guai 具合 Befinden; L 21: keigu 敬具 Grußfloskel am Ende eines Briefes

眠   L 10: nemuru 眠る schlafen; L 19: nemui 眠い müde

Radikal 110

矛 **Hellebarde, Speer**

務　L 5: jimusho 事務所 Büro

Radikal 111

矢 **Pfeil**

矢　L 25: ya 矢 Pfeil

知　L 4: shiru 知る kennen; L 24: gozonji desu ご存知です kennen (respektvoll)

Radikal 112

石 **Stein**

石　L 25: ishi 石 Stein

硬　L 20: kouka 硬貨 Münze

Radikal 113

礻示 **zeigen, verkünden**

礼　L 2: shitsurei 失礼 Unhöflichkeit, Shitsurei shimasu. 失礼します。 Entschuldigung! Ich bin unhöflich.

社　L 3: kaisha 会社 Firma; L 11: jinja 神社 Shinto-Schrein; L 22: ryokougaisha 旅行会社 Reisebüro; L 23: shain 社員 Angestellter, Firmenangestellter; L 24: shachou 社長 Firmenpräsident; torishimariyakushachou 取締役社長 Präsident (Vorsitzender des Vorstands); ippan-shain 一般社員 Angestellter

祈　L 21: ... (nararemasu) you ni oinori shimasu. ...（なられます）ようにお祈りします。 Ich hoffe, dass ..., Ich bete, dass ...

祖　L 18: obaasan 祖母さん Großmutter, alte Dame; L 21: sofu 祖父 (eigener) Großvater; ojiisan お祖父さん Großvater (höflich); sobo 祖母 (eigene) Großmutter

神　L 11: jinja 神社 Shinto-Schrein

Radikal 115

禾 **Katakana *no* + *ki* 木 „Baum", Getreide**

利　L 7: benri 便利 praktisch

私　L 2: watashi 私 ich; L 22: watashitachi 私達 wir

季　L 9: shiki 四季 die vier Jahreszeiten

和　L 9: shouwa 昭和 Shōwa (Devise der Jahreszählung von 1926 bis 1989)

秒　L 8: byou 秒 Sekunde

秋　L 9: aki 秋 Herbst; L 13: akihabara 秋葉原 (Stadtteil von Tokyo)

移　L 10: utsuru 移る übertragen, umziehen

程　L 21: hodo 程 ungefähr, Ausmaß

Radikal 116

穴 **Loch**

空　L 8: kuukou 空港 Flughafen; L 8: narita-kuukou 成田空港 Flughafen Narita; L 17: koukuuken 航空券 Flugticket

窓　L 3: mado 窓 Fenster

Radikal 117

立 **stehen**

立　L 8: kunitachi 国立 (Stadtteil von Tokyo); L 9: kokuritsugekijou 国立劇場 Nationaltheater; L 10: rippa 立派 herrlich, schön

童　L 18: douwa 童話 Märchen

Radikal 118

竹 **Bambus**

竹　L 25: take 竹 Bambus
笑　L 4: warau 笑う lachen
符　L 10: kippu 切符 Karte, Fahrkarte
答　L 4: kotaeru 答える antworten
筆　L 19: mannenhitsu 万年筆 Füllfederhalter
算　L 25: keisan 計算 Rechnen
箸　L 11: hashi 箸 Ess-Stäbchen; ohashi お箸 höflicher als *hashi*
箱　L 15: unchinbako 運賃箱 Behälter für Fahrgeld; L 16: hakone 箱根 (Ortsname)
簡　L 13: kantan 簡単 einfach, leicht
籍　L 12: seki wo oku 籍を置く sich registrieren lassen, sich einschreiben

Radikal 119

米 **Reis**

米　L 25: kome 米 Reis
料　L 8: ryouri 料理 Essen

Radikal 120

糸 **Faden**

糸　L 25: ito 糸 Faden, Angelleine, Saite
約　L 9: yakusoku 約束 Verabredung, Versprechen; L 11: yoyaku 予約 Reservierung, yoyaku suru 予約する reservieren
納　L 20: nattou 納豆 Natto, fermentierte Sojabohnen
紙　L 4: tegami 手紙 Brief; L 20: shihei 紙幣 Geldschein; L 24: youshi 用紙 Formular
素　L 10: subarashii 素晴らしい herrlich; L 24: suteki 素敵 hübsch
紹　L 17: shoukai suru 紹介する (jmd.) vorstellen
組　L 21: roudoukumiai 労働組合 Arbeitergewerkschaft
終　L 4: owaru 終わる enden; L 14: shuuryou suru 終了する beenden
細　L 25: hosoi 細い schmal, fein, dünn
絡　L 22: renraku 連絡 Verbindung, renraku suru 連絡する sich in Verbindung setzen, sich melden
結　L 17: touketsu suru 凍結する einfrieren
続　L 17: zokkou suru 続行する fortsetzen; L 21: tsuzuku 続く andauern, weiterführen, fortsetzen
緒　L 9: issho ni 一緒に gemeinsam
緊　L 15: kinchou suru 緊張する nervös/aufgeregt sein
練　L 13: renshuu 練習 Übung
線　L 8: bansen 番線 Gleis; sen 線 Bahnlinie; chuuou-sen 中央線 Chuo-Linie; ginza-sen 銀座線 Ginza-Linie; toukaidou-sen 東海道線 Tokaido-Linie; yamanote-sen 山手線 Yamanote-Linie; yokosuka-sen 横須賀線 Yokosuka-Linie; L 11: shinkansen 新幹線 Shinkansen
締　L 24: torishimariyaku 取締役 Direktor (Vorstandsmitglied)
緩　L 13: yurumeru 緩める (etw.) lockern
縄　L 14: okinawa 沖縄 Okinawa
繰　L 6: kurikaesu 繰り返す wiederholen

Radikal 122
网 网 **Netz**

買 L 4: kau 買う kaufen; L 7: kaimono 買物 Einkauf, kaimono suru 買物する einkaufen, Einkäufe machen; L 20: (o)kaiagegaku (お)買上額 Kaufbetrag

署 L 7: keisatsusho 警察署 Polizeistation; shoubousho 消防署 Feuerwehr

置 L 12: seki wo oku 籍を置く sich registrieren lassen, sich einschreiben; L 13: oku 置く stellen, legen

Radikal 123
羊 羊 **Schaf**

美 L 12: utsukushisa 美しさ Schönheit; L 21: yumiko 由美子 (Frauenname)

差 L 24: sashiageru 差し上げる geben, schenken (bescheiden)

着 L 18: tsuku 着く ankommen; chaku 着 ZEW für Kleidungsstücke; kimono 着物 Kimono; L 19: kiru 着る anziehen

Radikal 124
羽 **Feder**

羽 L 18: wa 羽 ZEW für Vögel und Kaninchen

習 L 13: renshuu 練習 Übung; L 21: shuukan 習慣 Sitte, Gewohnheit

翻 L 12: honyaku 翻訳 Übersetzung

Radikal 125
耂 老 **alt, alter Mensch**

考 L 4: kangaeru 考える nachdenken

者 L 6: isha 医者 Arzt; oisha-san お医者さん höflicher als isha; L 10: kanja 患者 Patient; L 21: roudousha 労働者 Arbeiter

Radikal 128
耳 **Ohr**

耳 L 10: mimi 耳 Ohr; L 20: mimi ga tooi 耳が遠い schwerhörig

取 L 15: toru 取る nehmen; L 18: untenmenkyo wo toru 運転免許を取る Führerschein machen; L 21: yasumi wo toru 休みを取る sich freinehmen; L 24: torishimariyaku 取締役 Direktor (Vorstandsmitglied)

Radikal 129
聿 **Schreibpinsel**

書 L 3: toshokan 図書館 Bibliothek; L 4: kaku 書く schreiben; L 5: jisho 辞書 Wörterbuch; L 15: rirekisho 履歴書 Lebenslauf; L 16: seikyuusho 請求書 Rechnung; kaite aru 書いてある geschrieben stehen

Radikal 130
肉月 **Fleisch, Muskel, „Fleisch-Mond"**

肉 L 25: niku 肉 Fleisch, Muskeln; gyuuniku 牛肉 Rindfleisch

有 L 10: yuumei 有名 berühmt

服 L 7: youfuku 洋服 (westliche) Kleidung

脈 L 10: myaku 脈 Puls

期 L 16: teikiken 定期券 Zeitkarte

朝 L 8: asa 朝 Morgen, asagohan 朝ご飯 Frühstück; L 16: maiasa 毎朝 jeden Morgen; L 24: kesa

今朝 heute Morgen

腹 L 10: onaka お腹 Bauch; L 13: onaka ga ippai desu お腹がいっぱいです satt sein; L 15: onaka ga suita お腹がすいた Hunger haben

Radikal 132
自 **selbst**

自 L 3: jidousha 自動車 Auto; L 12: jisatsu 自殺 Selbstmord, jisatsu wo togeru 自殺をとげる Selbstmord begehen; L 13: jibun 自分 selbst; L 15: jidoukaisatsuki 自動改札機 automatischer Fahrkartenentwerter; jidoukaisatsuguchi 自動改札口 automatische Sperre; L 20: jidouhanbaiki 自動販売機 (Verkaufs-) Automat

息 L 9: musuko 息子 Sohn; L 21: musuko-san 息子さん Sohn (höflich)

Radikal 135
舌 **Zunge**

辞 L 5: jisho 辞書 Wörterbuch

Radikal 136
舛 **tanzen, irren, gegensätzlich**

舞 L 9: kabuki 歌舞伎 Kabuki; L 18: mimai 見舞 Krankenbesuch

Radikal 137
舟 **Schiff, Boot**

般 L 24: ippan-shain 一般社員 Angestellter

航 L 17: koukuuken 航空券 Flugticket

船 L 25: fune 船 Boot, Schiff; kisen 汽船 Dampfer

Radikal 139
色 **Farbe**

色 L 10: iro 色 Farbe; kaoiro 顔色 Gesichtsfarbe; chairoi 茶色い braun; iroiro 色々 verschieden; L 17: keshiki 景色 Aussicht, Landschaft

Radikal 140
艹 艹 艸 **Gras, Pflanze**

花 L 4: hana 花 Blume; L 13: hanako 花子 (Frauenname)

若 L 10: wakai 若い jung; L 15: wakamiyaooji 若宮大路 (Straße in Kamakura)

英 L 25: eigo 英語 Englisch (Sprache)

苦 L 10: nigai 苦い bitter

草 L 25: kusa 草 Gras, Kräuter, Pflanzen

茶 L 6: ocha お茶 grüner Tee; L 10: chairoi 茶色い braun; L 14: kissaten 喫茶店 Café

荷 L 18: nimotsu 荷物 Gepäck

菓 L 6: okashi お菓子 Süßigkeiten

菜 L 7: yasai 野菜 Gemüse

葉 L 8: chiba 千葉 (Ortsname); L 13: akihabara 秋葉原 (Stadtteil von Tokyo); L 18: kotoba 言葉 Sprache, Wort

蒸 L 11: mushiatsui 蒸し暑い heiß und schwül

薬 L 10: kusuri 薬 Medizin

藤 L 4: satou 佐藤 (Name)

Radikal 141
虍 **Tiger**

慮　L 13: enryo suru 遠慮 zurückhaltend sein

Radikal 142
虫 **Wurm, Insekt**

虫　L 21: mushi 虫 Wurm, Insekt

Radikal 143
血 **Blut**

血　L 10: ketsuatsu 血圧 Blutdruck

衆　L 5: koushuudenwa 公衆電話 öffentliches Telefon

Radikal 144
行 **gehen**

行　L 3: ginkou 銀行 Bank; L 4: iku 行く gehen; L 8: ...yuki ...行 in Richtung ...; L 10: ryokou 旅行 Reise; L 11: hikouki 飛行機 Flugzeug; L 16: motte iku 持って行く (etw.) mitnehmen; L 17: zokkou suru 続行する fortsetzen; L 19: aruite iku 歩いて行く zu Fuß hingehen; L 22: ryokougaisha 旅行会社 Reisebüro; yakoubasu 夜行バス Nachtreisebus

Radikal 145
衤衣 **Kleidungsstück**

袋　L 8: ikebukuro 池袋 (Stadtteil von Tokyo)

裕　L 14: yuuko 裕子 (Frauenname)

Radikal 146
西 **Westen**

西　L 25: nishi 西 Westen, seibu amerika 西部アメリカ der Westen Amerikas

要　L 4: iru 要る benötigen

Radikal 147
見 **sehen**

見　L 4: miru 見る sehen; mitsukeru 見つける finden, entdecken; L 11: mieru 見える zu sehen sein; L 15: miseru 見せる zeigen; L 18: mimai 見舞 Krankenbesuch; L 19: mitsukaru 見つかる gefunden werden; L 23: iken 意見 Meinung; L 24: haiken suru 拝見する sehen (bescheiden)

覚　L 4: oboeru 覚える sich erinnern, sich merken

親　L 13: shinsetsu 親切 freundlich; L 16: ryoushin 両親 Eltern

Radikal 148
角 **Horn, Ecke**

角　L 9: kado 角 (an der) Ecke; L 14: hankaku 半角 Halbgeviertzeichen, Monobyte-Zeichen; zenkaku 全角 Geviertzeichen

触　L 13: sawaru 触る berühren

解　L 21: gokai 誤解 Missverständnis

言 Sprache, Wort

言	L 2: ... to iimasu ...と言います ich heiße ..., L2: gengo 言語 Sprache; L 4: iu 言う sagen, heißen; L 18: kotoba 言葉 Sprache, Wort
計	L 3: tokei 時計 Uhr
記	L 24: kinyuu suru 記入する ausfüllen (z.B. Formulare)
許	L 18: untenmenkyoshou 運転免許証 Führerschein
設	L 21: sousetsu 創設 Gründung, sousetsu suru 創設する gründen
訪	L 22: tazuneru 訪ねる besuchen
訳	L 12: honyaku 翻訳 Übersetzung; L 24: tsuuyaku suru 通訳する dolmetschen
診	L 10: shinsatsu 診察 Untersuchung
証	L 18: untenmenkyoshou 運転免許証 Führerschein; L 20: juryoushou 受領証 Empfangsbestätigung, Quittung
誉	L 17: homeru 誉める loben
話	L 3: denwa 電話 Telefon, denwa suru 電話する telefonieren; L 4: hanasu 話す sprechen; L 5: koushuudenwa 公衆電話 öffentliches Telefon; L 18: douwa 童話 Märchen; L 23: hanashi 話し Erzählung, Gespräch, Vortrag
試	L 20: shiken 試験 Prüfung
誌	L 3: zasshi 雑誌 Zeitschrift
誤	L 21: gokai 誤解 Missverständnis
説	L 12: shousetsu 小説 Roman; L 17: setsumei 説明 Erklärung
語	L 3: ...go ...語 Sprache eines Landes; doitsugo ドイツ語 Deutsch; nihongo 日本語 Japanisch; furansugo フランス語 Französisch
読	L 4: yomu 読む lesen
誕	L 9: tanjoubi 誕生日 Geburtstag; L 21: tanjou-pātī 誕生パーティー Geburtstagsfeier
課	L 18: ka 課 ZEW für Lektionen, Kapitel; L 19: kachou 課長 Unterabteilungsleiter
請	L 16: seikyuusho 請求書 Rechnung
調	L 13: shiraberu 調べる nachschlagen, untersuchen
警	L 6: keisatsu 警察 Polizei
議	L 8: kaigi 会議 Sitzung

Radikal 150

谷 Tal

谷	L 8: shibuya 渋谷 (Stadtteil von Tokyo)

Radikal 151

豆 Bohne

豆	L 12: izu 伊豆 (Ortsname); L 20: nattou 納豆 Natto, fermentierte Sojabohnen
頭	L 10: atama 頭 Kopf; L 18: tou 頭 ZEW für große Tiere

Radikal 154

貝 Muschel, kleine Muschel

貝	L 25: kai 貝 Muschel, Schalentier
財	L 22: saifu 財布 Portemonnaie
販	L 20: jidouhanbaiki 自動販売機 (Verkaufs-) Automat; hanbaichuu 販売中 (Verkauf/Verkaufsautomat)

	ist betriebsbereit
貨	L 20: kouka 硬貨 Münze
敗	L 19: shippai 失敗 Misserfolg, shippai suru 失敗する Misserfolg haben
賀	L 8: yokosuka 横須賀 (Ortsname); L 21: nengajou 年賀状 japanische Neujahrskarte
貸	L 6: kasu 貸す verleihen
賃	L 15: unchin 運賃 Fahrgeld; L 16: yachin 家賃 Miete
質	L 6: shitsumon 質問 Frage
購	L 20: kounyuu suru 購入する kaufen

Radikal 155
赤 rot

赤	L 10: akai 赤い rot; L 20: akachan 赤ちゃん Baby

Radikal 156
走 laufen

走	L 4: hashiru 走る laufen
起	L 4: okiru 起きる aufstehen; L 17: saikidou (suru) 再起動(する) (auf) Reset (drücken)

Radikal 157
足 Fuß

足	L 10: ashi 足 Bein, Fuß; L 18: tariru 足りる genug sein; L 18: soku 足 ZEW für Fußbekleidung; L 24: ensoku 遠足 Ausflug
路	L 15: wakamiyaooji 若宮大路 (Straße in Kamakura)
踊	L 12: odoriko 踊子 Tänzerin

Radikal 158
身 Körper

身	L 4: sashimi 刺身 Sashimi; osashimi お刺身 höflicher als *sashimi*
射	L 10: chuusha 注射 Injektion

Radikal 159
車 Wagen, Rad

車	L 3: kuruma 車 Auto; jidousha 自動車 Auto; L 7: kyuukyuusha 救急車 Krankenwagen; L 8: hassha 発車 Abfahrt; ressha 列車 Bahn, Fernbahn; densha 電車 Bahn; L 13: chuusha suru 駐車する parken; L 16: shanai 車内 Wageninneres; gurīnsha グリーン車 1. Klasse; jousha 乗車 Mitfahrt, gojousha 御乗車 höflicher als *jousha*; L 18: chuushajou 駐車場 Parkplatz
軒	L 18: ken 軒 ZEW für Häuser
転	L 16: unten suru 運転する Auto fahren; L 18: untenmenkyoshou 運転免許証 Führerschein

Radikal 160
辛 bitter

辛	L 10: karai 辛い scharf

Radikal 162
辶辶辶 vorwärts gehen, voran kommen

辺	L 5: atari 辺り Gegend
迎	L 18: mukaeru 迎える begrüßen, empfangen, abholen
返	L 6: kurikaesu 繰り返す wiederholen; L 18: henji 返事 Antwort

Kanji-Liste – nach Radikalen sortiert

近	L 13: chikai 近い nahe; L 23: saikin 最近 vor kurzem, in letzter Zeit
迷	L 19: mayou 迷う sich verlaufen
送	L 19: okuru 送る schicken; L 24: (eki made) okuru (駅まで)送る jmd. zum Bahnhof bringen
逗	L 12: zushi-shi 逗子市 die Stadt Zushi
速	L 10: hayai 速い schnell
連	L 22: renraku 連絡 Verbindung, renraku suru 連絡する sich in Verbindung setzen, sich melden
通	L 7: futsuu 普通 normalerweise; L 15: komachidoori 小町通り (Straße in Kamakura); L 18: tsuu 通 ZEW für Briefe; L 24: tsuuyaku suru 通訳する dolmetschen
週	L 9: konshuu 今週 diese Woche; senshuu 先週 letzte Woche; raishuu 来週 nächste Woche; L 11: saraishuu 再来週 übernächste Woche; L 18: maishuu 毎週 jede Woche
進	L 17: susumu 進む vorankommen
違	L 13: machigau 間違う einen Fehler machen; verwechseln; L 15: chigau 違う anders sein
達	L 11: tomodachi 友達 Freund; L 22: watashitachi 私達 wir
遅	L 13: osoi 遅い spät, langsam
道	L 8: toukaidou-sen 東海道線 Tokaido-Linie; L 11: michi 道 Weg; hokkaidou 北海道 Hokkaido; L 22: michiko 道子 (Frauenname)
運	L 15: unchin 運賃 Fahrgeld; L 16: unten suru 運転する Auto fahren; L 18: untenmenkyoshou 運転免許証 Führerschein
遊	L 14: asobu 遊ぶ spielen, sich vergnügen
遠	L 10: tooi 遠い weit; L 13: enryo suru 遠慮 zurückhaltend sein; L 20: mimi ga tooi 耳が遠い schwerhörig; L 24: ensoku 遠足 Ausflug
選	L 14: erabu 選ぶ wählen

Radikal 163

阝 邑 großes Dorf, Gemeinde

那	L 21: danna(san) 旦那(さん) Ehemann
郎	L 18: tarou 太郎 (Männername); L 23: ichirou 一郎 Männername
部	L 5: heya 部屋 Zimmer; L 12: bungakubu 文学部 Fakultät für Literatur; L 15: zenbu 全部 alles; L 17: buchou 部長 Abteilungsleiter; L 24: torishimariyakubuchou 取締役部長 Abteilungsleiter (Vorstandsmitglied); L 25: seibu amerika 西部アメリカ der Westen Amerikas
郵	L 3: yuubinkyoku 郵便局 Postamt; L 20: yuubinkitte 郵便切手 Postwertzeichen, Briefmarke
都	L 10: kyouto 京都 Kyoto; L 12: shuto 首都 Hauptstadt; L 22: tsugou 都合 Gelegenheit, Zeit (haben)

Radikal 164

酉 Vogel, Vogel (Tierkreiszeichen), rechter Teil von *sake* 酒 „Sake"

配　L 10: shinpai 心配 Sorge, shinpai suru 心配する sich Sorgen machen
酸　L 10: suppai 酸っぱい sauer

Radikal 165

釆 **Katakana *no* + *kome* 米 Reis, trennen**

番　L 5: kouban 交番 Polizeibox; L 6: denwabangou 電話番号 Telefonnummer; L 8: bansen 番線 Gleis; L 22: ichiban 一番 erste/r/s

Radikal 166

里 **Dorf, *ri* (Längenmaß = 2,44 Meilen)**

里　L 8: kurihama 久里浜 (Ortsname); L 18: eriko 恵里子 (Frauenname)
野　L 7: yasai 野菜 Gemüse

Radikal 167

金 **Metall, Gold**

金　L 9: kinyoubi 金曜日 Freitag; L 11: kinkakuji 金閣寺 (Tempelname); L 15: okane お金 Geld; L 19: kanemochi 金持ち reicher Mann; L 20: kingaku 金額 Summe, Betrag
鉄　L 22: chikatetsu 地下鉄 U-Bahn
銀　L 3: ginkou 銀行 Bank; L 8: ginza 銀座 (Stadtteil von Tokyo)
錠　L 10: jouzai 錠剤 Tablette; jou 錠 ZEW für Tabletten
鍵　L 22: kagi 鍵 Schlüssel
鎌　L 8: kamakura 鎌倉 (Ortsname)

Radikal 168

長 長 **lang**

長　L 10: nagai 長い lang; L 17: buchou 部長 Abteilungsleiter; L 19: kachou 課長 Unterabteilungsleiter; L 24: kakarichou 係長 Sachgebietsleiter; torishimariyakubuchou 取締役部長 Abteilungsleiter (Vorstandsmitglied); torishimarishachou 取締役社長 Präsident (Vorsitzender des Vorstands); shachou 社長 Firmenpräsident

Radikal 169

門 **Tor, Tür**

門　L 14: nyuumon 入門 Einführung
問　L 6: shitsumon 質問 Frage; L 18: mondai 問題 Problem, Frage
閉　L 4: shimeru 閉める schließen; tojiru 閉じる schließen; L 19: shimaru 閉まる sich schließen
間　L 5: aida 間 zwischen; L 13: machigau 間違う einen Fehler machen; verwechseln; L 14: aida 間 während; L 16: mamonaku 間もなく bald, gleich; L 18: ma 間 ZEW für Zimmer
開　L 4: akeru 開ける öffnen; L 14: hiraku 開く öffnen; L 17: kaihatsu 開発 Entwicklung, kaihatsu suru 開発する entwickeln; L 19: aku 開く sich öffnen, aufgehen
閣　L 11: kinkakuji 金閣寺 (Tempelname)
関　L 6: genkan 玄関 Eingang, Flur
聞　L 3: shinbun 新聞 Zeitung; L 4: kiku 聞く hören, fragen; L 14: kikoeru 聞こえる zu hören sein

Radikal 170
阝 阜 **kleines Dorf, Hügel**

阪 L 9: oosaka 大阪 (Ortsname)

防 L 7: shoubousho 消防署 Feuerwehr

院 L 3: byouin 病院 Krankenhaus; L 21: nyuuinchuu desu 入院中です im Krankenhaus sein

除 L 18: souji suru 掃除する putzen

降 L 4: oriru 降りる aussteigen, herabsteigen; L 11: furu 降る fallen (Regen, Schnee etc.); L 16: Oori kudasai. お降り下さい。höflicher als Orite kudasai.

険 L 16: kiken 危険 Gefahr

陰 L 2: Okagesama de ... お陰様で... Dank Ihres Schattens ...

隅 L 5: sumi 隅 (in der) Ecke

階 L 18: kai 階 ZEW für Stockwerke

隣 L 5: tonari 隣り neben, benachbart

Radikal 172
隹 **alter Vogel, kleiner Vogel**

雑 L 3: zasshi 雑誌 Zeitschrift

難 L 10: muzukashii 難しい schwierig; L 17: sainan 災難 Pech, Unglück

Radikal 173
雨 **Regen**

雨 L 11: ame 雨 Regen; tsuyu 梅雨 Regenzeit

雪 L 9: yukiko 雪子 (Frauenname); L 11: yuki 雪 Schnee; L 12: yukiguni 雪国 Schneeland

雲 L 25: kumo 雲 Wolke

電 L 3: denwa 電話 Telefon; denwa suru 電話する telefonieren; L 5: koushuu denwa 公衆電話 öffentliches Telefon; L 8: densha 電車 Bahn; L 13: dengenpuragu 電源プラグ Stromstecker; L 14: denshimēru 電子メール E-Mail; denki 電気 Strom, Licht; dengen wo kiru 電源を切る Strom ausschalten

Radikal 174
青 **blau, blaugrün**

青 L 10: aoi 青い blau, blaugrün

静 L 10: shizuka 静か leise

Radikal 175
非 **nicht, flach**

非 L 21: zehi 是非 auf jeden Fall, unbedingt

悲 L 12: kanashimi 悲しみ Trauer, Leid

Radikal 176
面 **Gesicht, Oberfläche**

面 L 8: houmen 方面 Richtung; L 10: omoshiroi 面白い interessant

Radikal 177
革 **Leder, Haut**

鞄 L 24: kaban 鞄 (Akten-) Tasche

Radikal 180
音 **Laut, Ton**

音 L 19: ongaku 音楽 Musik

意 L 16: (go)chuui (御)注意 Vorsicht; L 16: imi 意味 Bedeutung; L 23:

iken 意見 Meinung; L 13: shiyoujou no chuui 使用上の注意 Gebrauchshinweise

Radikal 181
頁 **große Muschel, Kopf; Seite**

頁   L 18: peiji 頁 ZEW für Seiten
領   L 20: juryoushou 受領証 Empfangsbestätigung, Quittung
額   L 20: kingaku 金額 Summe, Betrag; (o)kaiagegaku (お)買上額 Kaufbetrag; zangaku 残額 Restbetrag
顔   L 10: kao 顔 Gesicht; kaoiro 顔色 Gesichtsfarbe

Radikal 182
風 **Wind**

風   L 8: ofuro お風呂 japanisches Bad; L10: kaze 風邪 Erkältung

Radikal 183
飛 **fliegen**

飛   L 11: hikouki 飛行機 Flugzeug

Radikal 184
食 食 **Essen**

食   L 4: taberu 食べる essen; L 7: shokugo 食後 nach dem Essen; shokuji 食事 Essen, Mahlzeit; shokuji wo suru 食事をする essen; L 8: yuushoku 夕食 Abendessen; L 10: shokuzen 食前 vor dem Essen; L 18: tabemono 食べ物 Essen, Nahrung, Lebensmittel
飯   L 6: gohan ご飯 Reis (gekocht), Mahlzeit; L 8: hirugohan 昼ご飯 Mittagessen; asagohan 朝ご飯 Frühstück
飲   L 4: nomu 飲む trinken; L 7: nomimono 飲み物 Getränk
飼   L 18: kau 飼う (Hunde, Fische, Katzen) halten
館   L 3: toshokan 図書館 Bibliothek; L 23: eigakan 映画館 Kino

Radikal 185
首 **Kopf, Nacken**

首   L10: kubi 首 Hals, Kopf; L 12: shuto 首都 Hauptstadt

Radikal 187
馬 **Pferd**

馬   L 25: uma 馬 Pferd
駅   L 3: eki 駅 Bahnhof
駐   L 13: chuusha suru 駐車する parken; L 18: chuushajou 駐車場 Parkplatz
験   L 17: taiken 体験 Erlebnis, Erfahrung; L 20: shiken 試験 Prüfung

Radikal 189
高 髙 **hoch**

高   L 10: takai 高い hoch, teuer

Radikal 190
髟 **Haar**

髪   L 10: kaminoke 髪の毛 Haar

Radikal 195
魚 **Fisch**

魚   L 11: sakana 魚 Fisch

Radikal 196

鳥 **Vogel**

鳥　　L 25: tori 鳥 Vogel

Radikal 199

麦 **Weizen, Getreide**

麦　　L 25: mugi 麦 Getreide

Radikal 201

黄 黃 **gelb**

黄　　L 25: kiiro 黄色 Gelb

Radikal 203

黒 黑 **schwarz**

黒　　L 10: kuroi 黒い schwarz

Radikal 209

鼻 **Nase**

鼻　　L 10: hana 鼻 Nase

Radikal 210

斉 齊 **gleich, ordnen**

剤　　L 10: jouzai 錠剤 Tablette

Radikal 212

竜 龍 **Drache**

竜　　L 11: ryouanji 竜安寺 (Tempelname)

Kanji-Liste – nach Lesungen sortiert

A
a(biru) 浴びる L 8
a(biseru) 浴びせる L 8
abu(nai) 危ない L 10
a(garu) 上がる L 5
a(geru) 上げる L 5
AI 愛 L 22
AI(suru) 愛する L 22
aida 間 L 5
aji 味 L 6
aka(i) 赤い L 10
aka(ri) 明り L 9
aka(rui) 明るい L 9
aka(shi) 証し L 18
aka- 赤 L 10
a(keru) 開ける L 4
a(keru) 空ける L 8
a(keru) 明ける L 9
aki 秋 L 9
aki(raka) 明らか L 9
a(ku) 開く L 4
a(ku) 空く L 8
a(ku) 明く L 9
AKU 悪 L 10
ama(i) 甘い L 10
ama- 雨 L 11
ame 天 L 4
ame 雨 L 11
AN 安 L 10
AN 暗 L 13
ane 姉 L 5
ani 兄 L 5
ano 彼 L 4

ao- 青 L 10
ao(i) 青い L 10
ara(ta) 新た L 3
arata(maru) 改まる L 15
arata(meru) 改める L 15
ara(u) 洗う L 3
ara(waseru) 表わせる L 8
ara(wasu) 表わす L 8
ara(zu) 非ず L 21
a(ru) 有る L 10
aru(ku) 歩く L 4
asa 朝 L 8
ashi 足 L 10
aso(bu) 遊ぶ L 14
AS(suru) 圧する L 10
atai 価 L 17
atai 値 L 22
atama 頭 L 10
atara(shii) 新しい L 3
ata(ri) 辺り L 5
a(tari) 当たり L 13
a(taru) 当たる L 13
atata(kai) 暖かい L 22
atata(maru) 暖まる L 22
atata(meru) 暖める L 22
-ate 宛 L 20
a(te) 当て L 13
a(teru) 当てる L 13
a(teru) 充てる L 18
a(teru) 宛てる L 20
ato 後 L 5
ATSU 圧 L 10
atsu(i) 熱い L 8

atsu(i) 暑い L 11
a(u) 会う L 3
a(u) 合う L 10
a(waseru) 合わせる L 10
a(wasu) 合わす L 10
ayama(ri) 誤り L 21
ayama(ru) 誤る L 21
azuma 東 L 4

B
ba 場 L 9
-ba 羽 L 18
BA 馬 L 25
BAI 買 L 4
BAI 梅 L 11
BAI 倍 L 18
BAI 売 L 20
BAI 貝 L 25
BAI(suru) 倍する L 18
ba(kasu) 化かす L 9
ba(keru) 化ける L 9
BAKU 麦 L 25
BAN 晩 L 2
BAN 番 L 5
BAN 万 L 7
BEI 皿 L 18
BEI 米 L 25
BEN 便 L 3
BEN 勉 L 7
BI 鼻 L 10
BI 美 L 12
BI 備 L 16
BIN 便 L 3
BO 母 L 11

BOKU 木 L 2
BOKU 僕 L 22
BON 盆 L 9
BOU 防 L 7
BOU 忙 L 11
BOU 亡 L 12
BOU 忘 L 13
BOU 棒 L 22
BU 歩 L 4
BU 部 L 5
BU 無 L 8
BU 分 L 8
BU 舞 L 9
BU 不 L 17
BUN 聞 L 3
BUN 文 L 7
BUN 分 L 8
BUTSU 物 L 3
BUTSU 仏 L 15
BYAKU 白 L 10
BYOU 病 L 3
BYOU 猫 L 5
BYOU 平 L 8
BYOU 秒 L 8

C

CHA 茶 L 6
CHAKU 箸 L 11
CHAKU 着 L 18
CHAKU(suru) 着する L 18
CHI 知 L 4
CHI 地 L 5
chi 千 L 7
CHI 池 L 8
CHI 治 L 9

chi 血 L 10
CHI 置 L 12
CHI 遅 L 13
CHI 値 L 22
chichi 父 L 3
chiga(eru) 違える L 13
chiga(i) 違い L 13
(ni) chiga(i nai) に違いない L 13
chiga(u) 違う L 13
chii(sai) 小さい L 10
chii(sa na) 小さな L 10
chika(i) 近い L 13
chikara 力 L 14
CHIKU 竹 L 25
CHIN 賃 L 15
chi(rakaru) 散らかる L 13
chi(rakasu) 散らかす L 13
chi(rasu) 散らす L 13
chi(ru) 散る L 13
CHO 緒 L 9
CHO 箸 L 11
CHOKU 直 L 13
CHOU 帳 L 7
CHOU 兆 L 7
CHOU 朝 L 8
CHOU 長 L 10
CHOU 町 L 10
CHOU 重 L 13
CHOU 調 L 13
CHOU 張 L 15
CHOU 彫 L 15
CHOU 鳥 L 25
CHUU 中 L 2

CHUU 注 L 7
CHUU 昼 L 8
CHUU 駐 L 13
CHUU 沖 L 14
CHUU 虫 L 21

D

DAI 大 L 3
DAI 弟 L 5
DAI 代 L 12
DAI 台 L 18
DAI 題 L 18
DAI(suru) 題する L 18
DAN 団 L 8
DAN 弾 L 14
DAN 段 L 22
DAN 暖 L 22
DAN 男 L 25
da(su) 出す L 3
de 出 L 3
DEI 泥 L 22
DEN 田 L 2
DEN 電 L 3
DEN 伝 L 14
de(ru) 出る L 3
DETSU 泥 L 22
DO 度 L 6
DO 土 L 9
DO 箸 L 11
DO 怒 L 23
doro 泥 L 22
DOU 動 L 3
DOU 働 L 4
DOU 道 L 8
DOU 童 L 18

DOU 同 L 25
E
-e 重 L 13
E 恵 L 18
ega(ku) 画く L 10
EI 映 L 10
EI 英 L 25
EKI 駅 L 3
EN 円 L 7
EN 遠 L 10
EN 宛 L 20
EN 園 L 25
era(bu) 選ぶ L 14
F
FU 父 L 3
FU 夫 L 6
FU 普 L 7
FU 布 L 8
FU 符 L 10
FU 富 L 11
FU 不 L 17
fuda 札 L 15
fude 筆 L 19
fuji 藤 L 4
fuka(i) 深い L 23
fuka(maru) 深まる L 23
fuka(meru) 深める L 23
FUKU 服 L 7
FUKU 腹 L 10
fukuro 袋 L 8
fuku(suru) 服する L 7
fumi 冊 L 18
fu(mu) 履む L 15
FUN 分 L 8

funa 船 L 25
fune 船 L 25
fu(reru) 触れる L 13
furu(i) 古い L 10
fu(ru) 降る L 4
fuse(gu) 防ぐ L 7
futa- 二 L 7
futata(bi) 再び L 11
futa(tsu) 二つ L 7
futo(i) 太い L 18
futo(ru) 太る L 18
FUTSU 払 L 7
FUTSU 仏 L 15
FUU 夫 L 6
FUU 風 L 8
fuyu 冬 L 9
G
GA 賀 L 8
GA 画 L 10
GAI 外 L 5
GAKU 学 L 3
GAKU 楽 L 10
GAKU 額 L 20
GAN 元 L 2
GAN 願 L 2
GAN 顔 L 10
GAN 岩 L 25
GAN 丸 L 25
GA(suru) 賀する L 8
GATSU 月 L 9
gawa 側 L 5
GE 下 L 5
GE 外 L 5
GE 夏 L 9

GE 解 L 21
GEI 迎 L 18
GEKI 劇 L 9
GEN 言 L 2
GEN 元 L 2
GEN 玄 L 6
GEN 源 L 13
GEN 原 L 13
GETSU 月 L 9
GI 議 L 8
GI 伎 L 9
GI 宜 L 21
GIN 銀 L 3
GI(suru) 議する L 8
GO 誤 L 21
GO 語 L 3
GO 後 L 5
GO 五 L 7
GO 午 L 8
GO 御 L 16
GO 牛 L 25
GON 言 L 2
goto 毎 L 11
GOU 号 L 6
GOU 業 L 8
GOU 合 L 10
GUU 隅 L 5
GUU 宮 L 15
GU 具 L 10
GYO 魚 L 11
GYO 御 L 16
GYOKU 玉 L 25
GYOU 行 L 3

Kanji-Liste – nach Lesungen sortiert

GYOU 業 L 8
GYOU 形 L 25
GYUU 牛 L 25

H
ha 葉 L 8
HA 派 L 10
ha 羽 L 18
HACHI 八 L 7
ha(eru) 映える L 10
haha 母 L 11
HAI 配 L 10
HAI 俳 L 17
HAI 杯 L 18
HAI 敗 L 19
HAI 拝 L 21
hai(ru) 入る L 3
haji(maru) 始まる L 4
haji(me) 始め L 4
haji(meru) 始める L 4
haji(mete) 始めて L 4
haji(me wa) 始めは L 4
haka(rau) 計らう L 3
haka(ru) 図る L 3
haka(ru) 計る L 3
haka(ru) 料る L 8
hako 箱 L 15
hako(bu) 運ぶ L 15
HAKU 白 L 10
ha(ku) 履く L 15
ha(ku) 掃く L 18
HAKU 泊 L 18
HAKU 伯 L 21
HAKU 鞄 L 24
hama 浜 L 8

HAN 飯 L 6
HAN 半 L 8
HAN 阪 L 9
HAN 幡 L 15
HAN 販 L 20
HAN 般 L 24
hana 花 L 4
hana 鼻 L 10
hana(shi) 話し L 3
hana(su) 話す L 3
hane 羽 L 18
hara 腹 L 10
hara 原 L 13
hara(i) 払い L 7
hara(u) 払う L 7
ha(reru) 晴れる L 10
haru 春 L 9
ha(ru) 張る L 15
hashi 橋 L 8
hashi 箸 L 11
hashi(ru) 走る L 4
HAS(suru) 発する L 8
HA(suru) 派する L 10
hata 機 L 11
hata 幡 L 15
hatara(ki) 働き L 4
hatara(ku) 働く L 4
ha(te) 果て L 7
HATSU 発 L 8
HATSU 髪 L 10
haya(i) 早い L 10
haya(i) 速い L 10
haya(maru) 早まる L 10
haya(meru) 早める L 10

haya(sa) 速さ L 10
hayashi 林 L 25
HEI 病 L 3
HEI 閉 L 4
HEI 平 L 8
HEI 並 L 16
HEI 幣 L 20
HEKI 壁 L 19
HEN 辺 L 5
HEN 返 L 6
HEN 変 L 14
HEN(jiru) 変じる L 14
hi 日 L 2
HI 彼 L 4
hi 火 L 6
HI 飛 L 11
HI 悲 L 12
HI 非 L 21
HI 疲 L 21
hidari 左 L 5
hi(eru) 冷える L 10
higashi 東 L 4
hikari 光 L 16
hika(ru) 光る L 16
HIKI 匹 L 18
hi(ku) 引く L 10
hi(ku) 弾く L 14
hiku(i) 低い L 10
hiku(maru) 低まる L 10
hiku(meru) 低める L 10
hima 暇 L 10
HIN 浜 L 8
hine(ru) 捻る L 13
hiragae(ru) 幡る L 15

hira(ku) 開く L 4
hiro(garu) 広がる L 10
hiro(i) 広い L 10
hiro(maru) 広まる L 10
hiro(meru) 広める L 10
hiru 昼 L 8
hirugae(ru) 翻る L 12
hirugae(su) 翻す L 12
hisa(shii) 久しい L 8
hitai 額 L 20
hito 人 L 3
hito- 一 L 6
hito(tsu) 一 L 6
HITSU 匹 L 18
HITSU 筆 L 19
hi(yasu) 冷やす L 10
HO 歩 L 4
HO 布 L 8
HO 保 L 14
hobo 略 L 21
hodo 程 L 21
hodo(ku) 解く L 21
hoka 外 L 5
HOKU 北 L 11
homa(re) 誉れ L 17
ho(meru) 誉める L 17
ho(meru) 賞める L 12
HON 本 L 3
HON 翻 L 12
HON 幡 L 15
ho(ru) 彫る L 15
hoshi 星 L 25
hoso(i) 細い L 25
hoso(ru) 細る L 25

HO(suru) 保する L 14
hotoke 仏 L 15
HOU 方 L 8
HOU 法 L 13
HOU 報 L 17
HOU 訪 L 22
HOU 鞄 L 24
hou(jiru) 報じる L 17
HYAKU 百 L 7
HYOU 平 L 8
HYOU 表 L 8

I
I 椅 L 3
I 医 L 6
I 移 L 10
I 伊 L 12
I 違 L 13
I 意 L 13
ICHI 一 L 6
ichi 市 L 12
ie 家 L 8
ika(ru) 怒る L 23
ike 池 L 8
iki 息 L 9
ikioi 勢 L 17
i(kiru) 生きる L 3
i(kiru) 活きる L 25
i(ku) 行く L 3
IKU 育 L 9
ima 今 L 2
ima(shimeru) 警しめる L 6
imouto 妹 L 5
IN 陰 L 2

IN 員 L 3
IN 院 L 3
IN 飲 L 4
IN 印 L 8
IN 引 L 10
inochi 命 L 18
ino(ru) 祈る L 21
inu 犬 L 5
i(reru) 入れる L 3
iro 色 L 10
i(ru) 入る L 3
i(ru) 要る L 4
i(ru) 射る L 10
ishi 石 L 25
iso(gu) 急ぐ L 7
isoga(shii) 忙しい L 11
ita(i) 痛い L 10
ita(mi) 痛み L 10
ita(mu) 痛む L 10
ita(waru) 労わる L 21
ito 糸 L 25
itoguchi 緒 L 9
itsu- 五 L 7
itsu(tsu) 五つ L 7
i(u) 言う L 2
iwa 岩 L 25

J
JA 邪 L 10
JAKU 弱 L 10
JAKU 若 L 10
JAKU 箸 L 11
JI 自 L 3
JI 時 L 3
JI 持 L 4

JI 地 L 5	JU 授 L 8	kaa 母 L 11
JI 事 L 5	JU 受 L 12	kaban 鞄 L 24
JI 辞 L 5	JU 濡 L 13	kabe 壁 L 19
JI 治 L 9	JUN 準 L 16	kado 角 L 9
JI 耳 L 10	JUN(jiru) 準じる L 16	kado 門 L 14
JI 寺 L 11	JUN(zuru) 準ずる L 16	ka(e) 替え L 20
JI 次 L 13	JUU 住 L 4	kae(ru) 帰る L 4
JI 字 L 13	JUU 汁 L 6	kae(ru) 返る L 6
-ji 路 L 15	JUU 十 L 7	ka(eru) 代える L 12
JI 除 L 18	JUU 渋 L 8	ka(eru) 換える L 14
JIKI (ni) 直に L 13	JUU 重 L 13	ka(eru) 変える L 14
JIN 人 L 3	JUU 充 L 18	ka(eru) 替える L 20
JIN 神 L 11	**K**	kae(su) 帰す L 4
JITSU 日 L 2	-ka 日 L 2	kae(su) 返す L 6
JITSU 実 L 9	KA 何 L 3	kage 陰 L 2
JO 助 L 4	KA 花 L 4	kage(ru) 陰る L 2
JO 女 L 13	KA 下 L 5	kagi 鍵 L 22
JO 除 L 18	KA 火 L 6	KAI 会 L 3
JOU 乗 L 4	KA 菓 L 6	KAI 開 L 4
JOU 上 L 5	KA 果 L 7	KAI 海 L 8
JOU 成 L 8	KA 家 L 8	KAI 回 L 10
JOU 場 L 9	KA 賀 L 8	KAI 皆 L 15
JOU 丈 L 9	KA 夏 L 9	KAI 改 L 15
JOU 錠 L 10	KA 化 L 9	KAI 介 L 17
JOU 静 L 10	KA 歌 L 9	KAI 階 L 18
JOU 蒸 L 11	KA 暇 L 10	KAI 掛 L 19
JOU 縄 L 14	KA 価 L 17	KAI 解 L 21
JOU 状 L 17	KA 個 L 17	kai 貝 L 25
JOU 情 L 17	KA 荷 L 18	KAI(shite) 介して L 17
JOU 畳 L 18	KA 課 L 18	KAI(suru) 介する L 17
JOU 嬢 L 21	KA 仮 L 20	KAI(suru) 解する L 21
JOU 娘 L 21	KA 貨 L 20	kakari 係 L 24
JU 寿 L 4	KA 加 L 22	ka(karu) 掛かる L 19
JU 十 L 7	KA 河 L 23	kaka(ru) 係る L 24

kakeru 掛ける L 19
ka(ku) 書く L 3
KAKU 覚 L 4
KAKU 角 L 9
KAKU 画 L 10
KAKU 閣 L 11
KAKU 客 L 14
KAKU(suru) 画する L 10
kama 鎌 L 8
kami 紙 L 4
kami 上 L 5
kami 髪 L 10
kami 神 L 11
KAN 館 L 3
KAN 間 L 5
KAN 関 L 6
kan- 金 L 9
KAN 寒 L 10
KAN 患 L 10
KAN 甘 L 10
KAN 幹 L 11
KAN 漢 L 13
KAN 簡 L 13
KAN 緩 L 13
KAN 換 L 14
KAN 慣 L 21
kana(shii) 悲しい L 12
kana(shimi) 悲しみ L 12
kana(shimu) 悲しむ L 12
kane 金 L 9
kanga(e) 考え L 4
kanga(eru) 考える L 4
KAN(suru) 関する L 6
kao 顔 L 10

kara 空 L 8
karada 体 L 9
kara(i) 辛い L 10
kara(maru) 絡まる L 22
kara(mu) 絡む L 22
kare 彼 L 4
ka(ri) 借り L 14
kari 仮 L 20
ka(riru) 借りる L 14
kasa 傘 L 16
kasa(naru) 重なる L 13
kasa(neru) 重ねる L 13
ka(shi) 貸し L 6
ka(su) 課す L 18
ka(su) 貸す L 6
ka(suru) 課する L 18
kata 方 L 8
kata 形 L 25
kata(i) 硬い L 20
kata(ru) 誌る L 3
katachi 形 L 25
kataki 敵 L 24
KATSU 割 L 22
KATSU 活 L 25
ka(u) 買う L 4
ka(u) 飼う L 18
kawa 河 L 23
kawa 川 L 4
kawa 側 L 5
ka(wari) 代わり L 12
ka(waru) 代わる L 12
ka(waru) 変わる L 14
ka(waru) 替わる L 20
kayo(u) 通う L 7

kaze 風 L 8
kazo(eru) 数える L 15
kazu 数 L 15
KE 気 L 2
KE 家 L 8
ke 毛 L 10
KE 景 L 17
KEI 計 L 3
KEI 京 L 4
KEI 兄 L 5
KEI 警 L 6
KEI 景 L 17
KEI 恵 L 18
KEI 掛 L 19
KEI 啓 L 21
KEI 敬 L 21
KEI 係 L 24
KEI 形 L 25
KEN 見 L 4
KEN 間 L 5
KEN 犬 L 5
KEN 嫌 L 10
KEN 券 L 15
KEN 険 L 16
KEN 験 L 17
KEN 建 L 17
KEN 軒 L 18
KEN 鍵 L 22
ke(su) 消す L 7
KETSU 血 L 10
KETSU 結 L 17
KETSU 頁 L 18
kewa(shii) 険しい L 16
KI 気 L 2

ki 木 L 2	ko- 来 L 2	koro(su) 殺す L 12
KI 机 L 3	ko 子 L 3	kotae 答 L 4
KI 起 L 4	KO 呼 L 4	kota(eru) 答える L 4
KI 帰 L 4	KO 古 L 10	-koto/ koto- 言 L 2
KI 季 L 9	ko- 小 L 10	koto 事 L 5
KI 伎 L 9	KO 個 L 17	kotobuki 寿 L 4
KI 危 L 10	KO 戸 L 25	kotowari 理 L 8
KI 機 L 11	koe 声 L 25	KOU 口 L 2
KI 期 L 16	kogo(eru) 凍える L 17	KOU 行 L 3
KI 祈 L 21	kogo(ru) 凍る L 17	KOU 降 L 4
KI 記 L 24	kokono- 九 L 7	KOU 考 L 4
KI 汽 L 25	kokono(tsu) 九つ L 7	KOU 交 L 5
ki 黄 L 25	kokoro 心 L 10	KOU 後 L 5
KICHI 吉 L 14	kokoro(mi) 試み L 20	KOU 好 L 5
ki(eru) 消える L 7	kokoro(miru) 試みる L 20	KOU 公 L 5
ki(koeru) 聞こえる L 3	KOKU 刻 L 8	KOU 港 L 8
ki(ku) 聞く L 3	KOKU 国 L 8	KOU 皇 L 9
ki(ku) 利く L 7	KOKU 谷 L 8	KOU 広 L 10
KIN 金 L 9	KOKU 黒 L 10	KOU 高 L 10
KIN 近 L 13	koma(kai) 細かい L 25	KOU 興 L 11
KIN 緊 L 15	koma(ru) 困る L 23	KOU 校 L 13
kira(i) 嫌い L 10	kome 米 L 25	kou 請 L 16
kira(u) 嫌う L 10	KON 今 L 2	KOU 光 L 16
ki(ru) 切る L 4	KON 金 L 9	KOU 航 L 17
ki(ru) 着る L 18	KON 根 L 16	KOU 硬 L 20
ki(seru) 着せる L 18	KON 困 L 23	KOU 購 L 20
kita 北 L 11	ko(no) 伊の L 12	KOU 工 L 25
kita(ru) 来る L 2	kono 是 L 21	KOU 黄 L 25
KITSU 吉 L 14	kono(mu) 好む L 5	KOU(suru) 航する L 17
KITSU 喫 L 14	koo(ru) 凍る L 17	kowa(i) 恐い L 11
kiyo(i) 清い L 11	koori 凍 L 17	KU 口 L 2
kiyo(meru) 清める L 11	ko(re) 伊れ L 12	KU 区 L 5
kiza(mu) 刻む L 8	kore 是 L 21	KU 九 L 7
kizashi 兆 L 7	koro(bu) 転ぶ L 16	KU 久 L 8

KU 苦 L 10	KYOU 京 L 4	mai(ru) 参る L 22
KU 句 L 17	KYOU 兄 L 5	ma(jiru) 雑じる L 3
KU 工 L 25	KYOU 供 L 7	ma(jiru) 交じる L 5
kuba(ru) 配る L 10	KYOU 強 L 7	maji(waru) 交わる L 5
kubi 首 L 10	KYOU 橋 L 8	mame 豆 L 12
kuchi 口 L 2	KYOU 狭 L 10	man 真 L 5
kuda(ru) 下る L 5	KYOU 興 L 11	MAN 万 L 7
kuda(sai) 下さい L 5	KYOU 恐 L 11	MAN 幡 L 15
kuda(saru) 下さる L 5	KYOU 教 L 13	mana(bu) 学ぶ L 3
kuda(su) 下す L 5	KYUU 休 L 2	mane(ku) 招く L 17
kumi 組 L 21	KYUU 吸 L 4	manuka(eru) 免える L 18
kumo 雲 L 25	KYUU 九 L 7	-maru 丸 L 25
ku(mu) 組む L 21	KYUU 急 L 7	maru 丸 L 25
kuni 国 L 8	KYUU 救 L 7	maru(i) 円い L 7
kura 倉 L 8	KYUU 久 L 8	maru(i) 丸い L 25
kura(i) 暗い L 13	KYUU 宮 L 15	maru(meru) 丸める L 25
kuro 黒 L 10	KYUU 求 L 16	mato 的 L 12
kuro(i) 黒い L 10	KYUU 泣 L 23	ma(tsu) 待つ L 4
ku(ru) 来る L 2	KYUU 弓 L 25	matsu 松 L 24
ku(ru) 繰る L 6	KYUU (na) 急な L 7	matta(ku) 全く L 10
kuruma 車 L 3	**M**	ma(u) 舞う L 9
kuru(shii) 苦しい L 10	ma 間 L 5	mawa(ru) 回る L 10
kuru(shimu) 苦しむ L 10	MA 馬 L 25	mawa(su) 回す L 10
kusa 草 L 25	machi 町 L 10	mayo(u) 迷う L 19
kusuri 薬 L 10	mado 窓 L 3	ma(zaru) 雑ざる L 3
ku(u) 食う L 4	mae 前 L 5	ma(zeru) 雑ぜる L 3
KUU 空 L 8	ma(garu) 曲がる L 13	ma(zu) 先ず L 9
kuwa(eru) 加える L 22	ma(geru) 曲げる L 13	me 目 L 10
kuwa(waru) 加わる L 22	mago 孫 L 23	ME 馬 L 25
KYAKU 客 L 14	MAI 妹 L 5	megu(mi) 恵み L 18
KYO 去 L 9	mai 舞 L 9	megu(mu) 恵む L 18
KYO 許 L 18	MAI 毎 L 11	mei 姪 L 18
KYOKU 局 L 3	MAI 枚 L 18	MEI 名 L 2
KYOKU 曲 L 13	MAI 米 L 25	

MEI 明 L 9
MEI 命 L 18
MEI 迷 L 19
MEI 鳴 L 25
MEI(jiru) 命じる L 18
MEN 面 L 8
MEN 免 L 18
MEN(jiru) 免じる L 18
meshi 飯 L 6
me(su) 召す L 6
mi 身 L 4
MI 味 L 6
mi- 三 L 7
mi 実 L 9
michi 道 L 8
michi 路 L 15
mi(chiru) 充ちる L 18
mi(eru) 見える L 4
migi 右 L 5
miki 幹 L 11
mikoto 命 L 18
mimi 耳 L 10
MIN 眠 L 10
mina 皆 L 15
minami 南 L 25
minamoto 源 L 13
minato 港 L 8
minna 皆 L 15
mino(ru) 実る L 9
mi(ru) 見る L 4
mi(ru) 診る L 10
mise 店 L 14
mi(seru) 見せる L 4
mi(tasu) 充たす L 18

mi(tsukaru) 見つかる L 4
mi(tsukeru) 見つける L 4
mit(tsu) 三つ L 7
miya 宮 L 15
miyako 都 L 10
mizu 水 L 9
mizuka(ra) 自ら L 3
mochi(iru) 用いる L 13
modo(ru) 戻る L 17
modo(su) 戻す L 17
MOKU 木 L 2
MOKU 目 L 10
MON 聞 L 3
MON 問 L 6
MON 文 L 7
MON 門 L 14
mono 物 L 3
mono 者 L 6
mori 森 L 12
mo(shiku wa) 若しくは L 10
moto 元 L 2
moto 本 L 3
moto 素 L 10
moto(meru) 求める L 16
MOTSU 物 L 3
mo(tsu) 持つ L 4
motto(mo) 最も L 13
MOU 毛 L 10
MOU 亡 L 12
mou(keru) 設ける L 21
mou(su) 申す L 24
MU 務 L 5
mu- 六 L 7

MU 無 L 8
mugi 麦 L 25
muka(eru) 迎える L 18
muku(iru) 報いる L 17
mura 村 L 2
mu(rasu) 蒸らす L 11
muro 室 L 25
mushi 虫 L 21
mu(su) 蒸す L 11
musu(bi) 結び L 17
musu(bu) 結ぶ L 17
musume 娘 L 21
mut(tsu) 六つ L 7
muzuka(shii) 難しい L 10
MYAKU 脈 L 10
MYOU 名 L 2
MYOU 明 L 9

N

na 名 L 2
na 菜 L 7
NA 納 L 20
NA 那 L 21
na(geru) 投げる L 20
naga(i) 長い L 10
naga(sa) 長さ L 10
na(i) 無い L 8
NAI 内 L 16
naka 中 L 2
naka(ba) 半ば L 8
na(ku) 泣く L 23
na(ku) 鳴く L 25
na(kunaru) 亡くなる L 12
na(kusu) 亡くす L 12

nama 生 L 3	nega(i) 願い L 2	NOU 納 L 20
nami 並 L 16	nega(u) 願う L 2	nozo(ite) 除いて L 18
nami (no) 並の L 16	ne(jiru) 捻じる L 13	nozo(ku) 除く L 18
nan 何 L 3	neko 猫 L 5	numa 沼 L 8
NAN 難 L 10	nemu(i) 眠い L 10	nuno 布 L 8
NAN 男 L 25	nemu(ru) 眠る L 10	nu(rasu) 濡らす L 13
NAN 南 L 25	NEN 年 L 9	nu(reru) 濡れる L 13
nana 七 L 7	NEN 念 L 10	nushi 主 L 4
nana- 七 L 7	NEN 捻 L 13	nusu(mu) 盗む L 17
nana(tsu) 七つ L 7	NEN 然 L 17	NYO 女 L 13
nani 何 L 3	NEN(jiru) 念じる L 10	NYOU 女 L13
nao(ru) 治る L 9	ne(ru) 寝る L 4	NYUU 入 L 3
nao(ru) 直る L 13	ne(ru) 練る L 13	**o**
nao(su) 治す L 9	NETSU 熱 L 8	o 緒 L 9
nao(su) 直す L 13	NI 二 L 7	o- 小 L 10
nara(beru) 並べる L 16	ni 荷 L 18	O 悪 L 10
nara(bi) 並び L 16	NICHI 日 L 2	o 御 L 16
nara(bu) 並ぶ L 16	niga(i) 苦い L 10	obo(eru) 覚える L 4
nara(i) 習い L 13	NIKU 肉 L 25	odo(ru) 踊る L 12
nara(u) 習う L 13	niku(mu) 悪む L 10	oga(mu) 拝む L 21
na(rasu) 慣らす L 21	NIN 人 L 3	oi 甥 L 21
na(rasu) 鳴らす L 25	nishi 西 L 25	-o(ki) 置き L 12
na(reru) 慣れる L 21	niwa 庭 L 5	oki 沖 L 14
na(ru) 成る L 8	no 野 L 7	o(kiru) 起きる L 4
na(ru) 鳴る L 25	no- 野 L 7	okona(u) 行う L 3
nasake 情 L 17	nobo(ru) 上る L 5	oko(su) 興す L 11
na(su) 成す L 8	nobo(ru) 登る L 14	o(koru) 起こる L 4
natsu 夏 L 9	nochi 後 L 5	oko(ru) 興る L 11
nawa 縄 L 14	noki 軒 L 18	oko(ru) 怒る L 23
nazora(eru) 準える L 16	noko(ru) 残る L 8	o(kosu) 起こす L 4
nazu(mu) 泥む L 22	noko(su) 残す L 8	OKU 屋 L 4
ne 根 L 16	no(mu) 飲む L 4	OKU 読 L 4
ne 音 L 19	nori 法 L 13	oku 奥 L 5
ne 値 L 22	no(ru) 乗る L 4	OKU 億 L 7

o(ku) 置く L 12
oku(rasu) 遅らす L 13
oku(reru) 遅れる L 13
oku(ru) 送る L 19
omo(i) 思い L 4
omo(i) 重い L 13
omo(na) 主な L 4
omonbaka(ru) 慮る L 13
omote 面 L 8
omote 表 L 8
omo(u) 思う L 4
omo(u) 念う L 10
omo(u) 意う L 13
ON 遠 L 10
on 御 L 16
ON 音 L 19
ona(ji) 同じ L 25
(o)naka お腹 L 10
onee(san) 姉さん L 5
onii(san) 兄さん L 5
onna 女 L 13
oo- 大 L 3
oo(i) 多い L 18
oo(kii) 大きい L 3
oo(ki na) 大きな L 3
o(riru) 降りる L 4
o(riru) 下りる L 5
o(rosu) 下ろす L 5
osa(maru) 治まる L 9
osa(maru) 納まる L 20
osa(meru) 治める L 9
osa(meru) 納める L 20
oshi(e) 教え L 13
oshi(eru) 教える L 13

oso(i) 晩い L 2
oso(i) 遅い L 13
oso(reru) 恐れる L 11
oso(waru) 教わる L 13
osoro(shii) 恐しい L 11
o(su) 押す L 14
oto 音 L 19
otoko 男 L 25
otouto 弟 L 5
otozu(reru) 訪れる L 22
otto 夫 L 6
OU 奥 L 5
OU 横 L 5
OU 央 L 8
OU 皇 L 9
OU 押 L 14
OU 黄 L 25
OU 王 L 25
ouyake 公 L 5
owari 終 L 4
o(waru) 終わる L 4
oya 親 L 13
P
-pa 羽 L 18
peiji 頁 L 18
R
RAI 来 L 2
RAI 礼 L 2
RAKU 楽 L 10
RAKU 絡 L 22
REI 礼 L 2
REI 例 L 7
REI 冷 L 10
REI 戻 L 17

REKI 歴 L 15
REN 鎌 L 8
REN 練 L 13
REN 連 L 22
RES(suru) 列する L 8
RETSU 列 L 8
RI 利 L 7
RI 理 L 8
RI 里 L 8
RI 履 L 15
RIKI 力 L 14
RIN 隣 L 5
RIN 林 L 25
Ri(suru) 利する L 7
RITSU 立 L 8
RO 呂 L 8
RO 路 L 15
ROKU 六 L 7
ROU 郎 L 18
ROU 労 L 21
ROU 娘 L 21
ROU(suru) 労する L 21
RU 留 L 12
RYAKU 略 L 21
RYO 呂 L 8
RYO 旅 L 10
RYO 慮 L 13
RYOKU 力 L 14
RYOU 料 L 8
RYOU 竜 L 11
RYOU 了 L 14
RYOU 両 L 16
RYOU 領 L 20
RYUU 留 L 12

S

SA 佐 L 4	samu(i) 寒い L 10	SEI 静 L 10
SA 左 L 5	samurai 士 L 11	SEI 青 L 10
SA 茶 L 6	SAN 山 L 2	SEI 清 L 11
SA 早 L 10	SAN 三 L 7	SEI 整 L 15
SA 邪 L 10	SAN 酸 L 10	SEI 請 L 16
SA 作 L 11	SAN 散 L 13	SEI 勢 L 17
sa 然 L 17	SAN 傘 L 16	SEI 甥 L 21
SA 差 L 24	SAN 参 L 22	SEI 声 L 25
sada(maru) 定まる L 16	SAN 算 L 25	SEI 星 L 25
sada(meru) 定める L 16	SAN(jiru) 参じる L 22	SEI 西 L 25
sa(garu) 下がる L 5	SAN(zuru) 参ずる L 22	seki 関 L 6
sa(geru) 下げる L 5	sara 皿 L 18	SEKI 夕 L 8
SAI 妻 L 6	sa(ru) 去る L 9	SEKI 赤 L 10
SAI 菜 L 7	SAS(suru) 察する L 6	SEKI 籍 L 12
SAI 再 L 11	sa(su) 刺す L 2	SEKI 席 L 24
SAI 才 L 12	sa(su) 指す L 10	SEKI 石 L 25
SAI 最 L 13	sa(su) 差す L 24	sema(i) 狭い L 10
SAI 災 L 17	sato 里 L 8	SEN 洗 L 3
SAI 財 L 22	SATSU 察 L 6	SEN 川 L 4
SAI 西 L 25	SATSU 殺 L 12	SEN 千 L 7
SAI 細 L 25	SATSU 撮 L 13	SEN 線 L 8
saka 阪 L 9	SATSU 刷 L 14	SEN 先 L 9
sakana 魚 L 11	SATSU 札 L 15	SEN 選 L 14
sakazuki 杯 L 18	SATSU 冊 L 18	SEN 船 L 25
sake 酒 L 6	sawa(ru) 触る L 13	SETSU 切 L 4
saki 先 L 9	sazu(karu) 授かる L 8	SETSU 雪 L 9
SAKU 昨 L 4	sazu(keru) 授ける L 8	SETSU 説 L 12
SAKU 作 L 11	SE 勢 L 17	SETSU 設 L 21
SAKU 冊 L 18	seba(maru) 狭まる L 10	SHA 車 L 3
sa(ku) 割く L 22	seba(meru) 狭める L 10	SHA 社 L 3
sama 様 L 2	SEI 生 L 3	SHA 者 L 6
sa(masu) 覚ます L 4	SEI 成 L 8	SHA 射 L 10
sa(meru) 覚める L 4	SEI 正 L 9	SHA 捨 L 13
	SEI 晴 L 10	SHA 写 L 13

SHAKU 赤 L 10	shi(maru) 閉まる L 4	shiru(su) 誌す L 3
SHAKU 借 L 14	shi(maru) 締まる L 24	shiru(su) 記す L 24
SHI 私 L 2	shi(meru) 閉める L 4	shita 下 L 5
SHI 刺 L 2	shi(meru) 締める L 24	shita(shii) 親しい L 13
SHI 子 L 3	shimo 下 L 5	shita(shimu) 親しむ L 13
SHI 自 L 3	shimobe 僕 L 22	SHITSU 失 L 2
SHI 誌 L 3	SHIN 新 L 3	SHITSU 質 L 6
SHI 司 L 4	SHIN 寝 L 4	SHITSU 室 L 25
SHI 始 L 4	SHIN 身 L 4	shizu(ka) 静か L 10
SHI 死 L 4	SHIN 真 L 5	shizu(maru) 静まる L 10
SHI 紙 L 4	SHIN 津 L 8	shizu(meru) 静める L 10
SHI 思 L 4	SHIN 心 L 10	SHO 書 L 3
SHI 姉 L 5	SHIN 辛 L 10	SHO 所 L 5
SHI 使 L 6	SHIN 診 L 10	SHO 署 L 7
SHI 四 L 7	SHIN 神 L 11	SHO 緒 L 9
SHI 仕 L 8	SHIN 清 L 11	SHO 暑 L 11
SHI 指 L 10	SHIN 森 L 12	SHOKU 食 L 4
SHI 士 L 11	SHIN 親 L 13	SHOKU 色 L 10
SHI 市 L 12	SHIN 進 L 17	SHOKU 触 L 13
SHI 止 L 14	SHIN 信 L 20	sho(suru) 署する L 7
SHI 飼 L 18	SHIN 深 L 23	SHOU 生 L 3
SHI 試 L 20	SHIN 申 L 24	SHOU 笑 L 4
SHI 伺 L 24	SHIN(jiru) 進じる L 17	SHOU 召 L 6
SHI 糸 L 25	SHIN(jiru) 信じる L 20	SHOU 噌 L 6
SHI 矢 L 25	shi(nu) 死ぬ L 4	SHOU 消 L 7
shibu 渋 L 8	shira(beru) 調べる L 13	SHOU 承 L 7
shibu(i) 渋い L 8	shiro 白 L 10	SHOU 沼 L 8
shibu(ru) 渋る L 8	shirogane 銀 L 3	SHOU 正 L 9
SHICHI 七 L 7	shiro(i) 白い L 10	SHOU 昭 L 9
shika 然 L 17	shi(ru) 知る L 4	SHOU 小 L 10
shika(shi) 然し L 17	shiru 汁 L 6	SHOU 賞 L 12
SHIKI 色 L 10	shirushi 印 L 8	SHOU 少 L 16
shima 州 L 12	shiru(shi) 験し L 17	SHOU 紹 L 17
shima 島 L 12		SHOU 招 L 17

SHOU 証 L 18	SON 村 L 2	sugu(reru) 優れる L 13
SHOU 松 L 24	SON 存 L 14	SUI 水 L 9
SHOU 星 L 25	SON 孫 L 23	su(i) 酸い L 10
SHOU(suru) 賞する L 12	sona(e) 備え L 16	SUI 炊 L 18
SHOU(suru) 証する L 18	sona(eru) 供える L 7	su(ki) 好き L 5
SHU 手 L 4	sona(eru) 備える L 16	suko(shi) 少し L 16
SHU 主 L 4	sona(waru) 備わる L 16	suku(i) 救い L 7
SHU 酒 L 6	sono 園 L 25	suku(nai) 少ない L 16
SHU 須 L 8	SON(suru) 存する L 14	suku(u) 救う L 7
SHU 首 L 10	sora 空 L 8	sumi 隅 L 5
SHU 取 L 15	soso(gu) 注ぐ L 7	sumi 角 L 9
SHUKU 叔 L 21	soto 外 L 5	sumi(yaka) 速やか L 10
SHUKU 宿 L 22	sou 然 L 17	su(mu) 住む L 4
SHUN 春 L 9	SOU 窓 L 3	su(ppai) 酸っぱい L 10
SHUTSU 出 L 3	SOU 走 L 4	su(ru) 刷る L 14
SHUU 終 L 4	SOU 噌 L 6	susu(meru) 進める L 17
SHUU 衆 L 5	SOU 繰 L 6	susu(mu) 進む L 17
SHUU 渋 L 8	SOU 倉 L 8	su(teru) 捨てる L 13
SHUU 週 L 9	SOU 早 L 10	su(u) 吸う L 4
SHUU 秋 L 9	SOU 箱 L 15	SUU 数 L 15
SHUU 州 L 12	SOU 掃 L 18	suwa(ru) 座る L 6
SHUU 習 L 13	SOU 送 L 19	**T**
SO 噌 L 6	SOU 創 L 21	ta 田 L 2
SO 素 L 10	SOU 甥 L 21	TA 太 L 18
SO 祖 L 18	SOU 草 L 25	TA 多 L 18
SO 組 L 21	SU 子 L 3	taba 束 L 9
soba 側 L 5	SU 寿 L 4	taba(neru) 束ねる L 9
soda(teru) 育てる L 9	SU 須 L 8	ta(beru) 食べる L 4
soda(tsu) 育つ L 9	SU 素 L 10	tabi 度 L 6
SOKU 側 L 5	SU 州 L 12	tabi 旅 L 10
SOKU 束 L 9	sube(karaku) 須からく L 8	-tachi 達 L 11
SOKU 息 L 9	sue 季 L 9	tada(chi ni) 直ちに L 13
SOKU 速 L 10	su(gu) 直ぐ L 13	tada(shii) 正しい L 9
SOKU 足 L 10		tada(su) 正す L 9

TAI 大 L 3	TAS(suru) 達する L 11	TETSU 姪 L 18
TAI 待 L 4	ta(su) 足す L 10	TETSU 鉄 L 22
TAI 貸 L 6	tasu(karu) 助かる L 4	TO 図 L 3
TAI 袋 L 8	tasu(ke) 助け L 4	TO 土 L 9
TAI 体 L 9	tasu(keru) 助ける L 4	TO 都 L 10
TAI 態 L 17	tasu(keru) 佐ける L 4	TO 登 L 14
TAI 台 L 18	tatami 畳 L 18	to 戸 L 25
TAI 太 L 18	tata(mu) 畳む L 18	tobari 帳 L 7
TAI 替 L 20	ta(teru) 立てる L 8	to(bu) 飛ぶ L 11
tai(ra) 平ら L 8	ta(teru) 建てる L 17	todo(maru) 停まる L 15
taka(i) 高い L 10	tato(eba) 例えば L 7	todo(meru) 停める L 15
taka(maru) 高まる L 10	tato(eru) 例える L 7	toge 刺 L 2
taka(meru) 高める L 10	ta(tsu) 立つ L 8	to(i) 問い L 6
take 丈 L 9	tatsu 竜 L 11	to(jiru) 閉じる L 4
take 竹 L 25	TATSU 達 L 11	to(kasu) 解かす L 21
TAKU 濯 L 3	ta(tsu) 建つ L 17	to(keru) 解ける L 21
TAKU 宅 L 6	tayo(ri) 便り L 3	toki 時 L 3
ta(ku) 炊く L 18	tazu(neru) 訪ねる L 22	tokoro 所 L 5
takumi 工 L 25	te 手 L 4	TOKU 読 L 4
taku(mu) 工む L 25	TEI 庭 L 5	to(ku) 説く L 12
tama 弾 L 14	TEI 弟 L 5	to(ku) 解く L 21
tama 玉 L 25	TEI 底 L 10	to(maru) 留まる L 12
tamo(tsu) 保つ L 14	TEI 停 L 15	to(maru) 止まる L 14
TAN 誕 L 9	TEI 定 L 16	toma(ru) 泊る L 18
TAN 単 L 13	TEI 程 L 21	to(meru) 留める L 12
TAN 旦 L 21	TEI 締 L 24	to(meru) 止める L 14
tani 谷 L 8	TEKI 的 L 12	tomi 富 L 11
TAN (ni) 単に L 13	TEKI 敵 L 24	tomo 供 L 7
tano(shii) 楽しい L 10	TEN 天 L 4	tomo 友 L 11
tano(shimi) 楽しみ L 10	TEN 店 L 14	to(mu) 富む L 11
tano(shimu) 楽しむ L 10	TEN 転 L 16	TON 団 L 8
ta(riru) 足りる L 10	TEN 点 L 25	tona(ri) 隣り L 5
ta(shi) 足し L 10	TEN(jiru) 転じる L 16	too(i) 遠い L 10
TAS(shi) 達し L 11	tera 寺 L 11	tori 鳥 L 25

to(ru) 撮る L 13
to(ru) 取る L 15
toshi 年 L 9
totono(eru) 調える L 13
totono(eru) 整える L 15
totono(u) 調う L 13
totono(u) 整う L 15
tou 父 L 3
TOU 東 L 4
TOU 答 L 4
TOU 藤 L 4
to(u) 問う L 6
tou 十 L 7
TOU 道 L 8
TOU 冬 L 9
TOU 頭 L 10
TOU 島 L 12
TOU 豆 L 12
TOU 逗 L 12
TOU 当 L 13
TOU 登 L 14
TOU 盗 L 17
TOU 凍 L 17
TOU 納 L 20
TOU 投 L 20
to(u) 訪う L 22
tou(ri) 通り L 7
tou(ru) 通る L 7
tsu 津 L 8
TSU 都 L 10
tsuchi 土 L 9
tsugi 次 L 13
tsugi(ni) 次に L 13
tsu(gu) 注ぐ L 7

tsu(gu) 次ぐ L 13
tsuka(eru) 仕える L 8
tsuka(reru) 疲れる L 21
tsuka(rete iru) 疲れている L 21
tsukasa 司 L 4
tsukasado(ru) 司る L 4
tsuka(u) 使う L 6
tsukamatsu(ru) 仕る L 8
tsuki 月 L 9
tsu(ku) 着く L 18
tsukue 机 L 3
tsuku(ru) 作る L 11
tsuma 妻 L 6
tsume(tai) 冷たい L 10
tsuno 角 L 9
tsura(naru) 連なる L 22
tsura(neru) 連ねる L 22
tsu(re) 連れ L 22
tsu(reru) 連れる L 22
tsuta(eru) 伝える L 14
tsuta(waru) 伝わる L 14
tsuto(me) 務め L 5
tsuto(meru) 務める L 5
tsuto(meru) 勉める L 7
TSUU 通 L 7
TSUU 痛 L 10
TSUU(jite) 通じて L 7
tsuyo(i) 強い L 7
tsuyo(meru) 強める L 7
tsuzu(keru) 続ける L 17
tsuzu(ki) 続き L 17
tsuzu(ku) 続く L 17

U

U 右 L 5
U 有 L 10
U 雨 L 11
U 羽 L 18
uchi 中 L 2
uchi 家 L 8
uchi 内 L 16
ue 上 L 5
ugo(kasu) 動かす L 3
ugo(ki) 動き L 3
ugo(ku) 動く L 3
ukaga(u) 伺う L 24
u(keru) 受ける L 12
u(keru) 請ける L 16
uketamawa(ru) 承る L 7
uma 午 L 8
uma 馬 L 25
u(mareru) 生まれる L 3
ume 梅 L 11
umi 海 L 8
u(mu) 生む L 3
UN 運 L 15
UN 雲 L 25
uo 魚 L 11
u(reru) 売れる L 20
u(ru) 売る L 20
u(seru) 失せる L 2
ushi 牛 L 25
ushina(u) 失う L 2
ushi(ro) 後ろ L 5
uta 歌 L 9
uta(u) 歌う L 9
utsuku(shii) 美しい L 12
utsu(ru) 映る L 10

utsu(ru) 移る L 10
utsu(ru) 写る L 13
utsu(shi) 写し L 13
utsu(su) 移す L 10
utsu(su) 映す L 10
utsu(su) 写す L 13
uyama(u) 敬う L 21
W
WA 話 L 3
WA 和 L 9
wa 羽 L 18
waka(i) 若い L 10
waka(ru) 解る L 21
wa(kareru) 分かれる L 8
wa(karu) 分かる L 8
wake 訳 L 12
wa(keru) 分ける L 8
wake(wa nai) 訳はない L 12
warabe 童 L 18
wara(u) 笑う L 4
wa(reru) 割れる L 22
wari 割 L 22
wari(ni) 割に L 22
wa(ru) 割る L 22
waru(i) 悪い L 10
wasu(reru) 忘れる L 13
watakushi 私 L 2
watashi 私 L 2
waza 業 L 8
wazawa(i) 災い L 17
wazura(u) 患う L 10
Y
ya 屋 L 4

ya 八 L 7
YA 野 L 7
ya- 野 L 7
ya 家 L 8
YA 夜 L 13
ya 矢 L 25
yabu(reru) 敗れる L 19
yabu(ru) 敗る L 19
yado 宿 L 22
yado(ru) 宿る L 22
yado(su) 宿す L 22
YAKU 役 L 5
YAKU 約 L 9
YAKU 薬 L 10
YAKU 訳 L 12
YAKU(su) 訳す L 12
YAKU(suru) 約する L 9
yama 山 L 2
yamai 病 L 3
ya(meru) 辞める L 5
ya(meru) 止める L 14
ya(mu) 病む L 3
ya(mu) 止む L 14
yasa(shii) 優しい L 13
yashiro 社 L 3
yasu(i) 安い L 10
yasumi 休 L 2
yasu(mu) 休む L 2
yat(tsu) 八つ L 7
yo- 四 L 7
YO 予 L 11
yo 代 L 12
yo 夜 L 13
YO 誉 L 17

yo(bu) 呼ぶ L 4
yo(i) 吉い L 14
yoko 横 L 5
yokoshima 邪 L 10
yoko(taeru) 横たえる L 5
yoko(tawaru) 横たわる L 5
YOKU 浴 L 8
yo(mu) 読む L 4
yoro(shii) 宜しい L 21
yoru 夜 L 13
yo(ru) 由る L 21
yoshi 由 L 21
yot(tsu) 四つ L 7
YOU 様 L 2
YOU 要 L 4
you- 洋 L 7
YOU 洋 L 7
YOU 葉 L 8
YOU 曜 L 9
YOU 踊 L 12
YOU 用 L 13
YOU 鞄 L 24
yowa(i) 弱い L 10
yowa(meru) 弱める L 10
yowa(ru) 弱る L 10
YU 郵 L 3
YU 遊 L 14
YU 由 L 21
yubi 指 L 10
yuki 行 L 3
yuki 雪 L 9
yumi 弓 L 25
yuru(i) 緩い L 13

yuru(meru) 緩める L 13
yuru(shi) 許し L 18
yuru(su) 許す L 18
yuru(su) 免す L 18
yutaka 裕 L 14
YUU 郵 L 3
YUU 右 L 5
yuu 夕 L 8
YUU 有 L 10
YUU 友 L 11
YUU 優 L 13
YUU 裕 L 14
YUU 遊 L 14
YUU 由 L 21
yuu(be) 夕 L 8

Z

ZA 座 L 6
ZAI 剤 L 10
ZAI 財 L 22
ZAN 残 L 8
ZATSU 雑 L 3
ZE 是 L 21
ZEN 前 L 5
ZEN 全 L 10
ZEN 然 L 17
ZOKU 続 L 17
ZOKU 族 L 21
ZON 存 L 14
ZON(jiru) 存じる L 14
ZOU 雑 L 3
ZOU 噌 L 6
ZU 図 L 3
ZU 頭 L 10
ZU 豆 L 12

ZU 逗 L 12